T0161628

QU'EST-CE QUE LA NATION ?

COMITÉ ÉDITORIAL

CHEMINS PHILOSOPHIQUES

Collection dirigée par Roger POUIVET

P. CANIVEZ

QU'EST-CE QUE LA NATION ?

Paris
LIBRAIRIE PHILOSOPHIQUE J. VRIN
6, place de la Sorbonne, V^e
2004

© *Librairie Philosophique J. VRIN,* 2004
Imprimé en France
ISBN 2-7116-1672-X

www.vrin.fr

QU'EST-CE QUE LA NATION?

INTRODUCTION

À la différence de l'histoire et de la sociologie, la philosophie politique contemporaine ne s'est guère penchée sur la question de la nation. Pourtant, les problèmes de l'époque présente témoignent de l'importance du fait national. En Europe, les membres anciens et récents de l'Union Européenne agissent en tant que nations, en fonction d'intérêts et de points de vue nationaux. D'où les conflits qui scandent le processus à propos de l'union politique ou de la politique extérieure commune. La même remarque vaut pour les relations internationales. Loin de favoriser une gouvernance mondiale, l'Organisation des Nations Unies ne fonctionne que si les nations le veulent bien, à commencer par la plus puissante d'entre elles. Pour faire face aux risques partagés, la notion d'une communauté internationale capable d'action concertée, respectant les règles de la décision collective, est confrontée à la notion rivale d'alliances entre nations dirigées par une ou plusieurs puissances. Si l'on ne dispose pas d'un concept de la nation, il est donc impossible de poser correctement les problèmes de l'époque présente.

D'autant que la nation est en bien des cas le lieu même du débat. En politique intérieure, la question est de savoir si le développement des droits fondamentaux et des pratiques démocratiques doit s'inscrire ou non dans le cadre de la nation. En réponse à ces questions, deux positions se font face. Soit l'on estime que la démocratie doit s'incarner dans la nation, l'indépendance collective étant considérée comme la garantie des libertés individuelles. Soit l'on estime que la nation est une source permanente de nationalisme et d'exclusion, un danger pour les libertés et les droits des minorités. En politique extérieure, la question est de savoir à quelles conditions les nations peuvent agir en commun dans le cadre d'institutions internationales réglées par le droit. Ici, deux orientations complémentaires sont possibles. On peut demander quel type d'institutions internationales il faut mettre en place, comment les citoyens peuvent s'affranchir de leurs appartenances nationales pour participer à des procédures communes de décision. Mais il faut également envisager le rapprochement des nations elles-mêmes, la possibilité d'un dialogue entre les traditions. Dès lors, la question concerne l'évolution du fait national lui-même, l'aptitude des nations à former une véritable communauté internationale. Il faut ainsi concevoir la nation, non comme une entité statique, mais comme une réalité dynamique. Il faut repérer les points d'ancrage des processus de régression identitaire, mais aussi d'un élargissement possible des perspectives. En un sens qui reste à préciser, il faut poser la question de l'universalisation des traditions.

Pour traiter ces problèmes, il faut d'abord un concept qui permette de les expliciter. C'est l'objet de cet essai. Il commencera par l'analyse du concept de nation avant d'examiner s'il est possible d'en donner une définition. En particulier, il faudra chercher s'il y a des constantes entre les différents types de nations ou si ces types sont irréductibles. Ensuite, il faudra mettre à l'épreuve la validité du concept proposé. À cette fin, on verra dans quelle mesure la réalité correspond à ce concept, ce qui revient à poser la question de l'unité réelle ou fictive des nations. Enfin, on discutera le problème des rapports entre nation et démocratie.

LE CONCEPT DE NATION

1) *Analyse du concept*

Origine et continuité historique

Quelles sont les significations associées au mot nation? Au sens premier, le mot désigne un groupe humain de même origine[1]. L'origine peut renvoyer, soit à une communauté d'ascendance (le même sang), soit au lieu d'où l'on vient (le même sol). Dans le premier cas, les membres de la nation se considèrent comme issus d'un même peuple souche: les Allemands, les Celtes, etc. Dans le second cas, ils sont identifiés par un pays d'origine. Ils vivent sur un territoire auquel ils donnent leur nom (la France) ou qui leur a donné un nom (les Brésiliens, les Américains). Les deux significations, auxquelles font écho les deux modes d'acquisition de la nationalité, le droit du sang et le droit du sol, sont souvent liées. L'origine et la continuité historique renvoient à la fois à une communauté initiale et à l'antiquité de l'occupation du sol. Une double appartenance en découle : l'appartenance des individus à une même communauté nationale, l'appartenance réciproque du sol et de la nation.

---

1. Du latin *natio* : naissance.

Le noyau de sens de la notion, c'est la continuité historique et le rapport à l'origine. À partir de là, la notion est relativement plastique. Elle peut être interprétée de façons diverses, correspondant à des idéologies aussi bien « réactionnaires » que « révolutionnaires ». L'interprétation raciale est la plus suspecte parce qu'elle conduit au racisme, mais c'est aussi la plus facile à réfuter. La nation n'est pas une communauté de race. Toutes les nations existantes sont un composé de populations hétérogènes. Les Allemands, par exemple, sont un mélange d'éléments germaniques, celtes et slaves : celtes pour toute l'Allemagne du Sud, slaves pour l'Allemagne orientale. Les Celtes et les Francs eux-mêmes ne sont pas des groupes homogènes : les Celtes étaient dispersés en une multitude de tribus, les Francs sont un rassemblement de tribus germaniques. Aussi loin qu'on remonte dans le temps, il faut recourir aux critères culturels pour identifier un groupe humain. Nous identifions les Germains, les Celtes et les Slaves par la langue, les techniques, l'artisanat, les modes d'organisation sociale.

L'origine fait l'objet de récits mêlant données historiques et constructions mythologiques. Pour les nations modernes, elle est souvent rapportée à une première migration : l'installation des Francs sur la rive gauche Rhin, celle des Slaves dans la péninsule balkanique, etc. La continuité historique elle-même est plus ou moins fictive. C'est souvent une reconstruction rétrospective des érudits, des historiens, des politiques qui s'efforcent de consolider le sentiment de la nation en lui trouvant des ancêtres, un sol, des traditions ayant traversé la série des générations. Cette « invention de la tradition »[1] a joué un grand rôle dans les mouvements nationaux des XIXe et

---

1. Cf. Eric Hobsbawm et Terence Ranger (ed.), *The Invention of Tradition*, Cambridge, Cambridge University Press, 1983.

XXe siècles, en Europe centrale et orientale. Sous la forme d'une interprétation rétrospective de l'histoire, elle est néanmoins présente partout. Elle l'est, par exemple, dans la vision téléologique d'une Histoire de France menant par un progrès continu à l'avènement de la nation républicaine, en passant par Clovis, Louis XIV et la Révolution française.

La double thématique de l'origine et de la continuité s'adapte sans trop de peine aux données historiques effectives. D'autant que l'origine peut être située dans un passé rapproché aussi bien que lointain. L'arrivée des *Pilgrim Fathers* sur les côtes du Massachusetts, en décembre 1620, en est une illustration. Elle peut aussi correspondre à un moment symbolique, à une refondation – par exemple, la Révolution de 1789 pour la nation française moderne. Cette plasticité de la notion permet de concilier nation et immigration, comme le montre le cas des États-Unis ou celui de la France. Les nouveaux venus s'inscrivent dans la continuité historique et s'approprient la mémoire de la fondation. Ils doivent assumer l'héritage de l'histoire, contribuer à son développement ultérieur.

Culture et politique
Civilisation et conscience collective

La nation n'est donc pas une donnée naturelle. C'est une communauté historique au sens où elle résulte d'un devenir qui reste ouvert – ce qui exclut également la conception historique de la race, comme mélange achevé de composantes raciales déterminées. En tant que communauté, elle a une double dimension, à la fois culturelle et politique. D'une part, la nation est une communauté identifiée par une culture, des traditions et des valeurs propres. D'autre part, elle fournit le principe de légitimité politique qui, au tournant des XVIIe et

XVIIIᵉ siècles, se substitue à la légitimité dynastique. Dans certains cas, l'une ou l'autre de ces dimensions est privilégiée pour définir la nation. Pour Jürgen Habermas[1], la nation relève plus de l'*ethnos* que du *demos*. C'est une communauté définie par des données pré-politiques telles qu'une langue, des coutumes, une histoire qui forment une culture homogène. Dominique Schnapper, en revanche, définit la nation comme une « communauté de citoyens »[2]. Dans la perspective de Dominique Schnapper, la nation prend place entre l'ethnie et l'État. La première est une communauté de culture douée d'une conscience collective, le second est une instance de contrôle et de régulation. La nation se différencie de l'ethnie par sa dimension politique, mais elle ne se confond pas avec l'État conçu comme institutionnalisation du pouvoir. L'État permet à la nation de s'instituer dans la durée ; en retour, la nation légitime l'action de l'État.

La nation est une communauté de culture. Mais il faut préciser le sens du mot « culture ». Culture signifie soit civilisation, soit éducation personnelle et formation. La civilisation comprend les coutumes, la langue et les traditions religieuses, mais aussi les techniques et l'organisation du travail, les arts et les sciences, les dispositions éthiques et les valeurs morales, les institutions juridiques et politiques. D'un bout à l'autre de ce continuum, on trouve les traditions et les représentations caractéristiques d'un groupe humain plus ou moins vaste. Ce qui relève des techniques, de l'organisation du travail et des échanges définit ce groupe comme une *société*. Ce qui relève

1. Cf. Jürgen Habermas, *Écrits politiques*, Paris, Cerf, 1990 ; *L'Intégration républicaine*, Paris, Fayard, 1998 ; *Après l'État-nation*, Paris, Fayard, 2000.
2. Cf. Dominique Schnapper, *La Communauté des citoyens*, Paris, Gallimard, 1994.

des dispositions éthiques, des traditions et des valeurs morales fait du même groupe une *communauté*. D'un côté, le système de la production et de la satisfaction des besoins; de l'autre, une communauté de «valeurs», c'est-à-dire l'ensemble des pratiques et des représentations qui font l'objet d'un attachement subjectif[1].

Toute nation est définie par sa culture au sens de «civilisation». Cette culture recouvre à la fois les champs couverts par les concepts de société et de communauté. Toutefois, les concepts de nation et de civilisation n'ont pas la même extension. En se référant au mode de satisfaction des besoins, à l'organisation du travail et au type de société qu'ils impliquent, on peut parler d'une civilisation du blé et d'une civilisation du riz, ou encore d'une civilisation agraire ou industrielle. D'un autre point de vue, les civilisations correspondent à l'extension des grandes religions – bouddhisme, judaïsme, christianisme, islam, etc. – et aux convictions morales qui leur sont liées. Mais ni dans un cas, ni dans l'autre, l'unité de civilisation ne suffit à faire une nation. D'une part, les nations se présentent comme des ensembles restreints au sein des grandes «aires de civilisation». Elles représentent des variantes particulières, souvent conflictuelles, d'une même civilisation définie par ses techniques et son type de division du travail, par ses traditions morales et ses convictions religieuses. D'autre part, la nation se distingue de la civilisation par la conscience que cette société/communauté a d'elle-même. Pour qu'il y ait nation, il faut que le groupe ait une conscience collective de sa propre existence, de son unité, de sa spécificité.

---

1. Sur les rapports entre société et communauté, entre État moderne et mondialisation, cf. Éric Weil, *Philosophie politique*, Paris, Vrin, 1996.

Cette conscience collective cristallise autour de symboles qui représentent la communauté comme un tout. Ces symboles peuvent être très divers, depuis la langue jusqu'aux institutions politiques, en passant par le mode d'alimentation, l'habitat, les grandes figures historiques, la littérature, etc. L'identité d'une société est marquée notamment par une langue, par une religion majoritaire ou, dans les sociétés sécularisées, par une forme spécifique de neutralité religieuse – la tolérance, par exemple, n'étant pas la même chose que la laïcité [1]. Elle l'est aussi par ses institutions et ses pratiques politiques. Tous les éléments constitutifs d'une culture peuvent ainsi jouer le rôle de symboles ou d'emblèmes nationaux. Certains symboles ont un sens plus ou moins défini. Par exemple, la République – à la fois principe politique et figure personnifiée de l'État – est l'un des symboles de l'identité française. D'autres symboles sont des signes sans contenu déterminé, du moins pour la majorité des citoyens. C'est le cas des hymnes nationaux dont on a oublié les paroles, des couleurs nationales dont on ignore la signification, etc. Le choix de certains emblèmes peut être purement conventionnel. Mais dans tous les cas, ces symboles emblématiques permettent d'identifier la nation aux yeux de ses membres comme à ceux des observateurs extérieurs. Ils ont une fonction d'unification et de différenciation.

Lorsqu'on parle de culture à propos des nations, il faut distinguer la dimension éthique et la fonction emblématique. La dimension éthique de la culture, c'est l'ensemble des dispositions éthiques et des représentations morales caractéristiques d'une communauté, depuis la vie privée jusqu'aux formes de la vie politique. La fonction emblématique de la culture, ce

---

1. Cf. Catherine Kintzler, *Tolérance et laïcité*, Paris, Pleins Feux, 1998.

sont les pratiques, les discours ou les signes qui servent d'emblèmes distinctifs à cette communauté. Tous les éléments d'une culture peuvent jouer le rôle de symboles identitaires, depuis les rituels religieux jusqu'au type de constitution, en passant par les habitudes alimentaires et la littérature. Cette fonction emblématique intervient dans la cristallisation du sentiment d'identité collective.

Enfin, la conscience collective elle-même ne suffit pas à faire une nation. Cette conscience peut exister au niveau régional avec tous les attributs symboliques nécessaires. Le trait distinctif de la nation est qu'elle forme un sujet souverain, actuel ou potentiel. La nation n'est pas seulement une communauté historique définie par une culture et une conscience collective. C'est aussi un principe de légitimité politique.

Le mot *nation* n'a pas toujours eu un sens politique. Ce sens politique s'est fixé aux XVIIe et XVIIIe siècles, à la suite des révolutions anglaise, américaine et française. La nation se substitue alors à la dynastie comme principe de légitimité politique. La souveraineté n'appartient plus au prince et à sa dynastie, elle revient à la nation elle-même. En tant que membres d'une même nation, les individus deviennent membres du souverain. Une forme d'égalité politique se substitue ainsi à la hiérarchie des ordres caractéristique de l'Ancien régime. Cette égalité politique est plus ou moins réelle ou fictive, selon les régimes politiques et l'ampleur des inégalités sociales.

La souveraineté a deux aspects. Elle est d'abord autonomie : la nation prend elle-même les décisions qui la concernent, les lois sont l'expression de sa volonté. Mais la souveraineté a aussi un sens territorial : les lois s'appliquent sur toute l'étendue du territoire national. L'un des signes du passage de la souveraineté dynastique à la souveraineté nationale, c'est ainsi l'apparition de l'État territorial moderne, aux frontières précisément tracées. Dans l'Ancien régime, les frontières sont souvent des zones sans démarcation fixe – par exemple, un village ou une commune dont le territoire n'est pas lui-même exactement défini. Dans ce cas, le principe essentiel de la souveraineté est l'autorité du roi sur ses sujets.

Dès lors que la nation devient un concept politique, où est la différence entre peuple et nation ? Le mot peuple a lui-même un sens social et un sens politique. Au sens social, le peuple correspond aux couches inférieures de la hiérarchie sociale. Au XVIIIe et au début du XIXe siècle, ce sont les paysans et les artisans. Comme le dit Rousseau dans l'*Émile*, ce peuple constitue la grande majorité de la population : « ce qui n'est pas peuple est si peu de chose que ce n'est pas la peine de le compter »[1]. Le peuple des campagnes n'est pas seulement le plus nombreux, c'est le peuple originaire. Proche de la nature, il a gardé son authenticité et ses traits spécifiques, il s'est préservé des perversions et des altérations de la société urbaine. D'où le grand mouvement d'intérêt pour les cultures populaires, dès la deuxième moitié du XVIIIe siècle, qui trouvera dans les textes de Herder une justification théorique. Ce mouvement entraînera la collecte et le « sauvetage » des traditions populaires : poésie orale, musique, arts traditionnels, etc. L'idée fondamentale, c'est que le peuple paysan préserve le lien avec l'origine, c'est le peuple originaire perpétué dans le présent : les Celtes, par exemple, qui vivent encore dans les campagnes bretonnes, et dont la langue serait la langue gauloise. Cette thématique a eu un énorme succès dans la création des identités nationales. Elle subsiste encore dans les écomusées, dans la reconstruction de villages rustiques, dans la célébration du folklore vestimentaire et musical[2].

---

1. *Émile*, Livre IV, Paris, GF-Flammarion, p. 292.
2. Cf. Anne-Marie Thiesse, *La Création des identités nationales*, Paris, Seuil, 1999.

Au sens social du terme, le peuple est le conservatoire des traditions nationales. Cette thèse alimente les activités touristiques, mais elle bute sur un paradoxe. D'une part, la plupart des mouvements nationaux du XIXe siècle, en Europe centrale mais aussi en Scandinavie, en Belgique, etc., n'ont pas été portés par la paysannerie mais par certaines couches de la bourgeoisie et de l'intelligentsia : pasteurs, enseignants, fonctionnaires. Le peuple des campagnes a faiblement participé au « réveil des nations » du XIXe siècle, il n'a été associé qu'en cours de route au mouvement. Les foyers de l'agitation nationale ont été surtout urbains, comme le montrent les analyses de Miroslav Hroch[1]. D'autre part, l'identification de la nation aux valeurs du terroir n'en a pas moins subsisté jusqu'au XXe siècle. Les nations se sont alors identifiées à des valeurs que mettait en péril la révolution industrielle. C'est l'une des raisons pour lesquelles l'identité nationale est toujours « redécouverte » au moment où elle est « en péril ». Parce qu'elle est symbolisée par le monde des campagnes, ses coutumes et ses vertus, cette identité paraît menacée par l'industrialisation et le poids grandissant des villes. Là où l'industrialisation s'est faite grâce au recours massif de la main d'œuvre étrangère – cas de la France, ce qui a freiné l'exode rural jusqu'à la Seconde Guerre Mondiale –, le péril dénoncé est également celui de l'« invasion étrangère »[2]. La dénonciation de l'industrie, de la ville et de l'étranger iront de pair avec la célébration d'une identité liée aux terroirs, au moment même où la société cesse d'être essentiellement agraire. C'est un premier indice d'un décalage entre symboles identitaires et

---

1. Cf. Miroslav Hroch, *Social Preconditions of National Revival in Europe*, Cambridge, Cambridge University Press, 1985.

2. Cf. Anne-Marie Thiesse, *op. cit.*, et Gérard Noiriel, *Population, immigration et identité nationale en France. XIXe-XXe siècle*, Paris, Hachette, 1992.

réalités sociales qu'il faut toujours garder en tête lorsqu'on parle d'identité culturelle.

Au sens politique du terme, le peuple est la communauté des citoyens. Or, la citoyenneté est définie comme appartenance ou participation à l'État. Par conséquent, la communauté des citoyens s'entend au sens des membres actuels de l'État. C'est la communauté *présente* des citoyens. Les générations passées et futures n'en font pas partie. En revanche, elles sont comprises dans le concept de nation, car la nation est une communauté historique qui embrasse toute la suite des générations. Par conséquent, la formule de Dominique Schnapper ne convient pas vraiment à la définition de la nation. Ce n'est pas la nation, c'est le peuple au sens politique qui est une « communauté de citoyens ». Ce peuple fait partie de la nation, mais la nation ne se réduit pas au peuple. Pour pouvoir élargir l'extension du concept politique de peuple jusqu'à lui faire recouvrir l'extension du concept de nation, il faut montrer à quelles conditions et sous quelle forme la communauté actuelle des citoyens n'agit pas seulement en son nom propre, mais au nom des générations précédentes et suivantes. Dès lors, ce n'est plus la volonté générale qui fait loi, mais les intérêts de la nation interprétés par les citoyens du présent. De son côté, la nation fait sous certaines conditions l'objet d'une hypostase. Cette hypostase en fait une personnalité supra-individuelle, dotée d'une histoire et d'une volonté propres, assignant aux individus l'orientation de leur action. La fonction politique de cette hypostase est fondamentale. Dès lors qu'elle fait l'objet d'une personnification, la nation est considérée comme sujet de l'action politique, notamment sur le plan international. Par ailleurs, cette personnification pose un principe de loyauté envers la nation, de responsabilité pour la perpétuation de ses traditions, de son rang sur la scène internationale, etc.

Ce point est lourd d'implications, comme le montre la distinction juridique entre souveraineté nationale et souveraineté populaire. La *nation souveraine* est une communauté historique. Elle est dotée d'une personnalité qui transcende les individus et s'affirme dans la continuité des générations. Ses volontés demandent à être interprétées : il s'agit de savoir ce que pense et veut la France, par exemple. À cette fin, le suffrage universel n'est pas indispensable. Des personnalités qualifiées – notables, hommes politiques, etc. – peuvent être préférées au commun des citoyens pour l'exercice de cette compétence. On peut donc introduire le suffrage censitaire, comme dans la Constitution française de 1791. S'agissant du système représentatif, les députés ont un mandat représentatif et non pas impératif. Ils sont choisis pour représenter la nation, non pour transmettre les volontés de leurs mandants. En revanche, le *peuple souverain* est la communauté actuelle des citoyens. Chaque citoyen est membre du peuple souverain. Il est fondé en droit à participer à l'élaboration de la volonté générale, à l'exercice de la souveraineté. D'où le suffrage universel. Dans le cadre d'un système représentatif, les députés sont liés par un mandat impératif. Tels sont du moins les types idéaux, à partir desquels les constitutions peuvent adopter des solutions mixtes.

Le principe de la souveraineté nationale permet de réserver la citoyenneté active à certains groupes sociaux. D'où l'importance de la « mystique nationale ». Celle-ci est d'autant plus nécessaire que la participation politique est réduite. Elle permet de conjuguer dévouement patriotique et passivité politique, sentiment d'appartenance à l'État et faible influence sur les décisions du gouvernement. Il faut par conséquent distinguer nationalité et citoyenneté effective. La nationalité pose l'appartenance à la communauté nationale. Elle donne à l'individu un statut juridique, mais elle n'implique pas d'emblée la participation à la prise des décisions politiques, même indirectement. Jusqu'en 1944, les femmes françaises ont fait partie de la nation. N'ayant pas le droit de vote, elles n'étaient pas citoyennes au sens plein du terme. L'appartenance à la nation est compatible avec différentes formes d'inégalité politique, de sorte qu'il n'y a pas d'équivalence entre le concept de nation et celui de communauté démocratique. Tous les membres de la nation ont droit à la protection, au soutien, aux secours de la nation. Tous ont le devoir de participer à sa défense, soit en combattant, soit en participant à l'effort de guerre. Mais le concept de communauté nationale n'implique pas la démocratie. Il ne l'exclut pas non plus. Toutefois, il est évident que la participation à l'idée nationale est, en bien des cas, un substitut à la participation politique effective. Dans tous les sens du terme, c'est une participation *symbolique* à l'action. La simple appartenance nationale correspond à la citoyenneté *passive*, quand l'individu n'est pas encore partie prenante à l'action publique – cas de la minorité légale – ou n'a pas la possibilité réelle d'y participer.

La nation fait aussi l'objet, en certaines circonstances, d'une personnification quasi-religieuse. Elle est l'objet d'un culte, celui que la communauté se voue à elle-même avec ses monuments, ses symboles et ses rituels. Le sentiment national est alors une sorte de foi immanente, tournée non plus vers une personnalité transcendante (Dieu), mais vers la communauté historique elle-même. Parce que la longue durée de la nation comprend toute la série des générations, le sentiment national relie l'individu à une origine immémoriale, il le fait participer d'une personnalité quasi-éternelle. Cette religion de la nation n'est pas la même chose qu'une religion nationale. Une religion nationale est une religion officielle ou majoritaire qui sert de trait distinctif à une communauté particulière. Certaines sectes, variantes ou interprétations des grandes religions – christianisme, islam, judaïsme, etc. – sont des religions nationales, des symboles de l'identité collective. La religion de la nation, en revanche, fait de la nation elle-même l'objet d'un culte. Cette religion de la nation peut se conjuguer avec la religion au sens propre, comme elle peut s'y substituer. Mais, la religion de la nation peut aussi aller de pair avec l'athéisme ou l'agnosticisme. C'est pourquoi le sentiment national apparaît souvent comme une conversion du sentiment religieux, il hérite de sa capacité de sacrifice et de son fanatisme potentiel. Cela étant, la nation n'est pas le seul objet qui puisse cristalliser la religiosité. Il y a un fétichisme de la nation, comme il y a un fétichisme de l'Histoire, de la Révolution ou du Marché.

En conclusion, la nation est une forme spécifique de communauté. Elle n'est ni famille ni tribu. Elle est liée à l'État sans se confondre avec lui. En effet, les formes de l'État, les régimes et les constitutions se succèdent et diffèrent, parfois s'opposent violemment, tandis que la nation représente une certaine forme de continuité historique. La nation est une communauté organisée sous la forme d'une société complète et territorialisée. Une société complète, parce qu'elle correspond à une certaine organisation du travail social; elle comprend en elle la diversité des groupes sociaux. Une société territorialisée, parce qu'elle s'identifie à un espace historique. La nation n'est donc pas simplement une communauté de traditions, comme le sont par exemple les communautés confessionnelles. Elle n'est pas non plus une classe ou une couche sociale. En même temps, c'est une communauté historique définie par ses traditions éthiques, juridiques, esthétiques, etc., ce qui la distingue d'un simple marché. Société et communauté historique pourvue d'un espace propre, elle se caractérise par une unité de civilisation. Mais elle se distingue d'une simple unité de civilisation par une forme de conscience collective. Cette conscience collective a une signification politique. Elle fait de la nation un sujet souverain effectif ou potentiel, ce qui la différencie à la fois d'une ethnie et d'une région (ou d'une province). Dès lors, on peut réserver le mot *nation* aux communautés historiques organisées en États-nations, et le terme de *nationalités* à celles qui coexistent dans un État multinational. Mais les nationalités ne sont pas des ethnies, elles ont les mêmes caractéristiques que la nation, notamment la revendication ou l'exercice d'une forme de souveraineté. Dans ce cas, la souveraineté est une souveraineté partagée dans le cas d'un État fédéral, ou tout au moins une forme d'autonomie.

La continuité historique et le lien à l'origine sont au cœur de la notion. Ce rapport à l'origine constitue la tradition au sens strict. Par conséquent, il y a des traditions linguistiques ou religieuses, mais il y a aussi des traditions juridiques et politiques. Cela nous invite à lever toute ambiguïté relative aux rapports entre culture et politique. Culture et politique sont deux aspects de la nation, considérée sous un certain angle comme unité de civilisation – comme une variante dans une aire de civilisation – et sous un autre angle comme *principe de légitimité* politique. Mais si l'on entend, par politique, une *forme de gouvernement* et l'ensemble des pratiques qu'elle implique, la politique est incluse dans la culture au sens de civilisation. Elle s'inscrit dans le complexe des traditions qui définissent la nation, tout en se transformant en fonction de l'évolution des techniques, des facteurs socio-économiques, des relations internationales, etc. Enfin, l'élément de continuité peut se manifester de deux manières. Soit il s'agit d'une culture originaire qui s'est conservée au fil des générations. La nation authentique est alors représentée par le monde rural et ses traditions. C'est le côté exotique, folklorique de la culture nationale. Soit la culture a évolué au cours du temps, mais les différentes formes qu'elle a prises peuvent être liées dans un récit. Il y a une histoire de la littérature, de la poésie, de l'architecture, des passions religieuses, des conflits idéologiques, des constitutions qui sont des aspects de l'histoire

nationale tout court. Dans cette perspective, c'est l'enseignement qui joue le rôle fondamental dans l'élaboration et la
transmission du sentiment d'appartenance.

La continuité historique ne concerne pas seulement les traditions et les formes culturelles. Il faut également prendre en
compte l'ancienneté et les formes successives de la conscience
collective. Pour certaines nations, on peut remonter à la fin
du Moyen Âge. Dès le XVᵉ siècle, une forme de sentiment
national se manifeste en Espagne, en France, en Angleterre,
en Bohème, la plupart du temps dans un contexte de conflits :
la reconquête de la péninsule ibérique sur l'Islam, la guerre
de Cent ans, les guerres hussites. Naturellement, la question
est de savoir quelle a été l'extension sociale de ce sentiment.
Comme le souligne Eric Hobsbawm[1], les sources écrites
sont la plupart du temps muettes sur les sentiments populaires,
elles renseignent sur l'opinion des couches aristocratiques de
la société. D'un côté, il paraît hasardeux de parler d'un
sentiment national populaire avant le XVIIIᵉ-XIXᵉ siècle, selon
les pays. Mais d'un autre côté, l'unité religieuse et l'unité
politique sont liées dans toutes les sociétés d'ancien régime.
Dans ces sociétés, le prince et la foi font souvent l'objet d'un
attachement et d'une fidélité populaires, en dépit de l'hétérogénéité des communautés locales. Cette première forme
d'identification collective n'implique pas l'unité linguistique.
Elle relève d'une unification « verticale » entre les sujets
et les autorités théologico-politiques. Elle n'entraîne pas
nécessairement l'unification « horizontale » entre les différentes provinces. Par conséquent, elle ne correspond pas à
l'idée de la nation souveraine dont le concept apparaît au
XVIIIᵉ siècle. Selon l'expression consacrée par la recherche

---

1. Cf. Eric Hobsbawm, *Nations et nationalismes depuis 1780*, trad. fr.
D. Peters, Paris, Gallimard, 1990.

historique, il s'agit plutôt d'une forme « protonationale » d'identification.

Une communauté de situation

Une dernière précision s'impose relativement à la continuité historique. On l'a dit, cette continuité est souvent une reconstruction rétrospective. Chaque communauté aime à se trouver des ancêtres, plus ou moins lointains, historiques ou mythiques, qui incarnent à la fois un passé et des vertus fondamentales. Même quand la continuité est avérée – par l'ancienneté et la permanence d'un État, notamment –, l'histoire nationale fait constamment l'objet d'une réinterprétation rétrospective. Mais la conscience nationale n'est pas exclusivement tournée vers le passé. D'une part, on peut dire que les membres de la nation partagent un même projet politique, si par projet politique on entend l'adhésion à une certaine forme d'État (la république, la démocratie libérale, le multipartisme, etc.). D'autre part, la conscience nationale inclut une projection de la communauté dans l'avenir, une anticipation de sa propre évolution. Mémoire du passé et projection dans l'avenir sont étroitement liées, la première donnant son orientation à la seconde. Toutefois, l'interprétation du passé comme les projets d'avenir donnent lieu à des options très différentes au sein d'une même nation. En témoignent les débats entre les historiens et les antagonismes politiques. Même le consensus sur la forme de l'État n'existe que dans les périodes de stabilité politique. Là où les membres d'une même nation se rejoignent, en revanche, c'est dans la perception de leur *situation* commune. Ce qui les réunit, c'est le sentiment d'être « embarqués » collectivement dans la même situation, à l'intérieur du pays et sur le plan international.

Différents facteurs interviennent dans cette conscience collective de la situation : des facteurs historiques, économiques, politiques, mais aussi géographiques et géopolitiques. De toute évidence, la conscience collective n'est pas la même selon qu'on est citoyen d'un petit ou d'un vaste pays, continental ou insulaire, d'une population de cinq ou de trois cent millions d'habitants, parlant une langue internationale ou non. L'appréciation de la situation est liée à l'histoire, au souvenir d'une grandeur passée, à la conscience d'être un pays neuf, etc. Elle dépend aussi des facteurs économiques et politiques, des ressources dont on sait disposer, des perspectives de développement, de la puissance technologique et militaire, des alliances traditionnelles. Enfin, l'interprétation de la situation est liée aux valeurs nationales, à une certaine conception de la justice, de la dignité, etc. Mais cette relation est réciproque. Ces conceptions morales et politiques dépendent aussi de la perception de la situation collective qui définit une marge d'action, fait apparaître des problèmes, esquisse des buts possibles. On n'a pas la même représentation d'un ordre international fondé sur la justice, ou d'une constitution européenne équitable, selon qu'on est membre d'un petit pays d'Europe centrale ou d'une ancienne puissance impériale.

En un mot, la nation n'est pas une communauté de destin mais une communauté de situation. L'histoire nationale ne détermine pas la perception de la situation collective. C'est plutôt la perception de la situation présente qui infléchit l'interprétation rétrospective de cette histoire. Dans la mesure où la perception du présent peut être prédéterminée, ce n'est pas dû à l'histoire en elle-même mais à la version de l'histoire qui est enseignée et transmise. Par conséquent, il ne faut pas être obnubilé par le passéisme des mythologies nationales. La glorification de l'histoire nationale joue un rôle central dans les périodes de fondation ou de lutte pour la reconnaissance. Mais son rôle n'est pas le même quand la situation est à la fois stable et normalisée. En ce qui concerne le sentiment de la continuité, l'espace joue un rôle aussi important que l'interprétation rétrospective de l'histoire. La longue durée des données géopolitiques – l'insularité britannique, la France comme terre d'invasion, le continent américain à l'abri des agressions, etc. – est plus constante dans ses effets sur la conscience nationale. Elle résiste mieux que les mythes nationaux au renouvellement des générations, à l'individualisme qui prévaut en période de paix, à l'activité sociale ordinaire qui prend la suite des moments fondateurs. Elle résiste également au scepticisme induit à l'encontre de ces mythes par le développement des sciences historiques. La conscience nationale se manifeste aussi comme sentiment d'habiter un certain lieu, un certain territoire, comme une façon d'appréhender les rapports entre l'espace national et l'environnement international. Le bouleversement de ce schéma spatial est une source de traumatisme collectif aussi importante que les épisodes malheureux de l'histoire nationale, comme le montrent la nostalgie des terres abandonnées ou perdues, les résistances à la décolonisation ou, plus récemment, les attentats de septembre 2001 à New York.

La conscience collective d'une nation est façonnée par la perception d'une situation extérieure et intérieure. De cette perception découlent les sentiments de péril ou de sécurité, de dynamisme collectif ou de déclin, d'isolement ou de solidarité naturelle avec certains pays. Impliqués dans une même situation, les membres de la nation ont en commun des problèmes qu'ils ne peuvent résoudre qu'ensemble, même s'ils divergent sur l'interprétation des causes et le choix des solutions. Tous ces problèmes sont liés de près ou de loin à la question de la liberté et à la façon dont elle est conçue, à tort ou à raison, par les membres d'une même nation. C'est pourquoi la conscience nationale est tendue vers la souveraineté, surtout extérieure. D'une part, l'indépendance collective est la garantie des libertés individuelles. La question est de savoir en quoi consiste cette indépendance, si elle peut être complète, si elle est compatible avec l'interdépendance croissante des États sur les plans économique, militaire, diplomatique. Mais il est sûr que les libertés individuelles, les droits civiques, politiques, sociaux ne sont plus garantis quand l'État passe sous la tutelle d'une puissance étrangère. D'autre part, la communauté veut avoir la liberté de vivre selon les normes d'une éthique, d'un système social et politique propres. En conséquence, la préservation d'une identité collective n'est pas le seul enjeu des aspirations nationales. La question de l'identité n'est qu'un aspect du problème fondamental, qui est celui de la liberté concrète, de la possibilité d'une existence qui fasse sens aux yeux des membres de la communauté historique.

2) *Problèmes de définition*

Définitions objective et subjective de la nation

La nation est une communauté historique caractérisée par une culture propre, une conscience collective et une revendication de souveraineté politique. Peut-on aller plus loin dans la précision ? Il ne le semble pas. Si l'on essaie de préciser les critères qui permettent d'identifier la nation comme communauté de culture, un problème apparaît immédiatement : ces critères changent en fonction des différentes nations. Elles ont recours à des éléments différents pour s'identifier elles-mêmes. Certaines nations s'identifient par la langue, mais il y a des nations différentes qui parlent la même langue, comme les Allemands et les Autrichiens, les Irlandais et les Anglais. De même pour la religion : les Wallons et les Flamands sont majoritairement catholiques, cela ne suffit pas à faire l'unité de la nation belge. Les institutions politiques sont également semblables d'une nation à l'autre, par exemple au sein des démocraties occidentales. Pour autant, ces démocraties ne se fondent pas en une seule communauté nationale. Chaque nation a un sentiment distinct de son identité, mais quand on cherche à donner une définition plus précise de la nation, tous les critères sont inadéquats. Par conséquent, il est impossible de définir la nation comme une communauté de langue, de religion, d'idéologie ou de système politique. Chacun de ces critères vaut pour telle nation, mais non pour telle autre. Et si l'on veut prendre la liste entière, l'un ou l'autre des critères fait toujours défaut dans les cas particuliers. Tout se passe comme si chaque nation, pour définir son identité, opérait une sélection parmi les critères culturels disponibles. Chacune d'entre elles met l'accent sur un ou plusieurs critères essentiels pour sa propre définition, mais inopérants pour la définition de telle autre.

D'où le recours à la définition subjective : la nation n'est pas définie par des caractères objectifs, mais par la conscience collective qu'elle a d'elle-même. Cette définition a plusieurs mérites. Elle est indispensable pour différencier nation et civilisation. Elle correspond également au statut « épistémologique » de son objet. Pour caractériser la nation, on ne peut pas donner de critères objectifs comparables à ceux qu'on utilise pour différencier un lézard d'une sauterelle. Le statut de nation n'est pas un fait d'observation, c'est l'objet d'une revendication reconnue ou pas. La nation existe dès qu'un groupe humain se considère comme une nation, dès qu'une conscience nationale est attestée par des discours, des comportements, etc. Elle est l'idée par laquelle la collectivité se représente à elle-même comme un tout. Plus exactement, la nation est l'idée par laquelle l'individu se représente comme membre d'un tout, sachant que cette idée est partagée par des millions d'individus. La nation est donc pour chacun d'entre eux une « communauté imaginée », selon l'expression de Benedict

Anderson[1]. C'est une communauté qui n'existe qu'en représentation. Elle n'en est pas moins réelle : dès lors que cette représentation est présente à la conscience de chaque individu, la nation existe et agit comme telle.

La force de cette définition subjective, c'est l'évidence qu'il n'y a pas de nation sans conscience nationale. Sa faiblesse, c'est qu'on ne voit pas comment il pourrait y avoir conscience nationale si les individus n'avaient rien de concret en commun. Il faut même dire : s'ils n'avaient en commun quelque chose qui les distingue des autres communautés. À moins d'admettre qu'il est possible de créer une conscience nationale à partir de rien, de manière totalement artificielle. Comme le dit ironiquement Eric Hobsbawm, « s'il se trouve assez d'habitants de l'île de Wight qui veuillent appartenir à une nation wightienne, il y en aura une »[2]. Or la conscience nationale, précisément, cristallise autour de critères objectifs. Elle n'est pas vide, elle a un contenu déterminé. Toutes les nations se définissent par des traits culturels particuliers – au sens précédemment défini du mot culture, qui inclut les principes d'organisation sociale et politique.

Manifestement, les définitions objective et subjective ne sont vraies qu'ensemble. Mais cela ne résout pas le problème, puisqu'on est renvoyé des difficultés de l'une à celles de l'autre. Il faut donc s'expliquer à la fois la diversité des critères objectifs et la genèse de la conscience nationale. Ces difficultés ont conduit la plupart des théoriciens de la nation à privilégier l'approche historique, à s'intéresser davantage aux processus de formation qu'aux tentatives de définition.

---

1. Cf. Benedict Anderson, *L'Imaginaire national. Réflexions sur l'origine et l'essor du nationalisme*, trad. fr. P.-E. Dauzat, Paris, La Découverte, 2002

2. Eric Hobsbawm, *Nations et nationalismes depuis 1780*, *op. cit.*, p. 17.

Nation-civique, nation-culture

Sans prétendre à l'exhaustivité, on peut ainsi distinguer différentes époques :

1) une « préhistoire » depuis le Moyen Âge jusqu'au XVIIe siècle en Europe occidentale, où apparaissent des sentiments d'appartenance « protonationaux » : en Espagne à l'époque de la *Reconquista*, en France à la fin de la guerre de Cent ans, en Bohème lors des guerres hussites, etc. ;

2) la naissance de la nation moderne avec les révolutions anglaise, américaine et française aux XVIIe et XVIIIe siècles ;

3) au XIXe siècle, le développement du sentiment national en réaction à l'invasion napoléonienne, notamment en Allemagne, en Espagne ou en Russie ;

4) l'indépendance du Brésil et des colonies espagnoles d'Amérique latine ;

5) les unifications allemande et italienne ;

6) dans la première moitié du XXe siècle, l'indépendance irlandaise, la restitution de la Pologne ;

7) l'indépendance des nations d'Europe centrale et orientale soumises aux empires austro-hongrois et ottoman ;

8) dans la deuxième moitié du XXe siècle, l'indépendance des colonies ou des protectorats en Asie, en Afrique ou au Moyen-Orient ;

9) la réunification de l'Allemagne ;

10) l'émancipation des pays d'Europe centrale de la tutelle soviétique, l'indépendance des ex-républiques soviétiques et yougoslaves.

Cette diversité historique et géographique met en évidence différents types de formation des nations. Cette typologie est dominée par l'opposition désormais classique entre nation-civique et nation-culture. Dans le premier cas, la nation est formée dans et par l'État. Le type idéal en est quasiment donné par la France. La nation française n'est pas définie par une communauté d'origine, elle est composée de populations hétérogènes réunies par le pouvoir d'un même monarque, dans les frontières d'un même royaume. Elle se constitue comme nation souveraine par la Révolution. Dès lors, est français celui qui adopte et défend les valeurs de la république française, suivant le principe du contrat social. La nation civique repose ainsi sur l'idée d'adhésion volontaire. Elle est, suivant la célèbre formule de Renan, un «plébiscite de tous les jours»[1]. Quant à la nation-culture, elle se définit par une culture censée exprimer le caractère originel, l'esprit de cette nation. Celle-ci se distingue alors des autres nations par son particularisme culturel, par sa religion, sa langue, sa poésie. Elle cherche à affirmer et à préserver cette identité culturelle en se dotant d'un État propre. Dans le premier cas, l'État précède la nation. Le sentiment national s'attache à la forme de l'État et débouche sur un patriotisme d'État. Parce qu'il s'attache à des principes juridiques et politiques, ce patriotisme est lié à une forme d'universalisme. Dans le second cas, la nation précède l'État. Le sentiment national cristallise autour d'une communauté de culture. L'État est alors au service de la nation, il en préserve l'esprit et les traditions propres. On a affaire à une opposition nettement définie qu'on traduit habituellement en confrontant les thèses de Renan à celles de Herder[2], ou encore, à celles de Fichte dans les *Discours à la nation allemande*[3].

Cette opposition entre nation-civique et nation-culture est toutefois schématique à l'excès, de sorte que la recherche historique tend de plus en plus à la relativiser. Il est indéniable que les processus de formation des nations sont distincts.

---

1. Dans la conférence sur la nation prononcée le 11 mars 1882 à la Sorbonne. Cf. *infra*, IIe partie.

2. Cf. *Idées sur la philosophie de l'histoire de l'humanité*, Paris, Presses Pocket, 1991.

3. Cf. *infra*, IIe partie.

Mais on ne peut en conclure qu'il y a deux idées irréductibles de la nation, une idée politique et une idée culturelle. D'une part, on ne peut pas opposer la politique à la culture parce que la première fait partie de la seconde. Il y a des comportements, des modes d'expression, des valeurs morales caractéristiques de la culture démocratique. Et réciproquement, la constitution politique d'une communauté repose sur la structure sociale, les dispositions éthiques ou les traditions morales de cette communauté. Si la constitution juridico-politique ne correspond pas à cette structure éthique et sociale, elle n'est tout simplement pas appliquée. Elle reste lettre morte. D'autre part, tous les processus de formation nationale conjuguent un projet d'unification culturelle et une conception de la citoyenneté. On peut le montrer par des arguments historiques, mais l'analyse des auteurs invoqués le confirme. Chez Renan, l'appartenance à la nation ne relève pas seulement de l'adhésion volontaire, elle impose également d'assumer l'héritage d'une histoire. Le «plébiscite de tous les jours» est fort différent du contrat social de Rousseau. Chez Fichte, la culture dont le peuple est dépositaire n'a rien d'un particularisme, elle n'a de valeur que par son universalité. Nous y revenons dans la deuxième partie de cet ouvrage.

D'un point de vue historique, l'opposition entre nation-civique et nation-culture a un désavantage majeur. Elle occulte le fait que toutes les nations se sont formées dans le cadre d'un État. C'est le type d'État et le rapport à l'État qui changent selon les cas. Dans certains cas, il s'agit d'une monarchie unificatrice, dans d'autres il s'agit d'un empire multinational. Mais c'est toujours dans le rapport à l'État – et aux autres nationalités, dans le cadre de l'État multinational – que la nation se forme comme entité politique. Les unifications allemande et italienne, par exemple, ont été réalisées par un État préexistant – la Prusse dans le premier cas, le royaume de Piémont-Sardaigne dans le second – qui a joué le rôle d'État unificateur. Dans les deux cas, il ne s'agit pas d'une unification « par le bas » : d'abord l'unification culturelle, puis l'accès à l'État. L'unification s'effectue « par le haut », sous la gouverne de Bismarck, d'une part, et de Cavour, de l'autre. Tous les deux ont agi depuis les sommets du pouvoir, leur logique est une logique d'État [1].

S'agissant des nations d'Europe centrale, elles se sont formées dans le cadre de l'Empire des Habsbourgs. Dans ce cas, le mouvement est bien parti de la société elle-même, conduite par des gens de lettres et des hommes de culture. Mais cette revendication d'un État national s'est manifestée dans le cadre d'un État multinational préexistant. Le rapport des différentes nationalités à l'État multinational a été déterminant pour la formation du sentiment national, de même que les rapports des nationalités entre elles : entre les Tchèques et les Allemands ; entre les Slovaques, les Croates et les Hongrois. Dans ce cas, la revendication nationale a d'abord visé l'égalité de traitement des peuples de la double monarchie austro-hongroise, en particulier après le compromis de 1867. Avant de déboucher sur l'indépendance à la fin de la guerre 1914-1918, elle a été porteuse d'un projet de fédéralisation de l'empire.

Dans tous ces cas, les facteurs culturels ont été décisifs. Miroslav Hroch a distingué les trois phases de ces mouvements nationaux : la phase A caractérisée par un intérêt d'érudition à la culture d'une communauté donnée ; la phase B caractérisée par le militantisme d'une minorité agissante autour de l'idée nationale ; la phase C où le programme national obtient un soutien de masse [2]. On sait notamment l'importance de la littérature et du théâtre pour l'unification de

---

1. Cf. Rogers Brubaker, *Citoyenneté et nationalité en France et en Allemagne*, trad. fr. J.-P. Bardos, Paris, Belin, 1997, p. 198 ; Guy Hermet, *Histoire des nations et des nationalismes en Europe*, Paris, Seuil, 1996, p. 151.

2. Cf. *Social Preconditions of National Revival in Europe*, Cambridge, Cambridge University Press, 1985.

la langue et la constitution d'une symbolique nationale. Il reste qu'on n'a jamais affaire à un processus purement culturel. Les revendications nationales ne sont pas de simples affirmations d'identité ethnique, elles sont aussi des revendications politiques de reconnaissance.

Souvent, par ailleurs, cette revendication nationale s'appuie sur le souvenir d'une ancienne indépendance, sur les restes d'institutions politiques. Les Tchèques, les Polonais ou les Croates ont eu un État au Moyen Âge – perdu au XIᵉ siècle pour les Croates, au XVIIᵉ siècle pour les Tchèques, au XVIIIᵉ siècle pour les Polonais. Le souvenir d'une ancienne organisation politique et de l'indépendance perdue joue ainsi un rôle décisif dans la constitution de la conscience nationale. Certes, l'historiographie développée à cet effet est souvent mythique, elle relève de « l'invention de la tradition »; mais elle montre que l'élément politique fait partie de cette culture sur laquelle s'appuie le sentiment national. Enfin, les revendications de souveraineté s'inscrivent dans une perspective plus large. C'est le cas, par définition, des revendications d'autonomie dans le cadre d'un État constitué. Mais c'est aussi le cas des revendications d'indépendance, qui s'inscrivent dans une recomposition globale de l'espace international. En 1918, il s'agissait, pour les nations d'Europe centrale et orientale, de s'insérer dans le nouvel ordre européen que devait fonder le Traité de Versailles. À la fin du XXᵉ siècle, l'horizon des revendications nationales en Europe centrale et orientale est l'intégration à l'Union européenne. Chaque nation négocie sa place dans un ordre politique international qui est aussi un ordre économique – un marché ou une économie-monde au sens de Balibar et Wallerstein [1].

---

1. Cf. *Races, nations, classes. Les identités ambiguës*, Paris, La Découverte, 1989. Cf. aussi *Nous, citoyens d'Europe ?*, Paris, La Découverte, 2001.

Si des facteurs politiques interviennent d'emblée dans la formation de la nation-culture, des facteurs culturels interviennent très tôt, en revanche, dans le développement de la nation-civique. Comme les autres, les nations-civiques ont eu recours au culte des grands hommes et des grands événements, à l'unification culturelle autour d'une langue, d'une littérature, d'une histoire et d'une géographie nationales. Au-delà du clivage entre les deux types de construction de la nation, il y a eu une circulation des modèles de construction d'identité entre les nations d'Europe occidentale, centrale et orientale. Les nations ont pris exemple les unes sur les autres quand il s'est agi de sauver la poésie, la musique populaire ou l'artisanat traditionnel de l'oubli. Ayant analysé cette circulation des schémas d'identification, Anne-Marie Thiesse parle à ce sujet de « cosmopolitisme du national »[1]. Cela n'efface pas la différence entre l'identité fondée sur la langue et l'esprit national, d'une part, sur le civisme ou la citoyenneté, de l'autre. Mais cette polarité existe dans toutes les nations. Il y a partout différents types de sentiment national, mais aussi différents types de nationalisme, selon qu'on est attaché aux traditions linguistiques, aux coutumes, aux principes constitutionnels, etc.

Le rôle historique des conflits

Plus que les oppositions classiques entre définitions objective et subjective, nation-civique et nation-culture, le rôle des conflits dans la genèse des nations mérite une attention particulière. Ces conflits jouent un rôle dans la perception de la communauté de situation. Il jettent aussi une lumière supplémentaire sur l'orientation de cette conscience collective vers une revendication de reconnaissance et de souveraineté. Ces

---

1. Cf. *La Création des identités nationales, op. cit.*

conflits sont politiques et sociaux, internes et externes, latents ou déclarés. Les conflits internes sont des luttes entre couches sociales qui se développent à l'intérieur de l'État. Il s'agit d'abord de luttes contre le pouvoir monarchique et la réforme de l'État. Il s'agit ensuite de luttes sociales dont l'enjeu est la conquête de droits civils, politiques, sociaux et le contrôle de l'État. La formation des nations est liée au premier type de luttes, notamment aux rapports entre aristocratie et bourgeoisie. C'est évident dans le cas français où, contrairement à ce qui s'est passé en Angleterre, la bourgeoisie n'a pas pu s'allier à l'aristocratie pour se soumettre le pouvoir royal. En Angleterre, cette alliance a permis la « Glorieuse Révolution » de 1688. En France, la bourgeoisie s'est opposée à la fois à l'aristocratie et au pouvoir royal en se réclamant du peuple tout entier. Le principe de la souveraineté nationale lui permettait de se faire l'interprète des volontés de la nation, tout en s'efforçant d'écarter les couches populaires de la participation politique directe. Quant aux conflits externes, ce sont les conflits « internationaux ». Les exemples déjà cités en fournissent une illustration : préformation du sentiment national espagnol au contact de l'Islam, rivalités franco-anglaises sur le continent européen et pendant la période coloniale, formation de la conscience nationale américaine dans la lutte contre les Anglais, éveil du sentiment national moderne en réaction à l'invasion napoléonienne, notamment en Allemagne et en Espagne, etc.

Les conflits externes cristallisent le sentiment national dans l'opposition à un ennemi commun. Les conflits internes font de même à l'intérieur de l'État, dans une commune contestation du pouvoir. La façon dont la nation définit son identité est liée à ces conflits externes et internes, militaires ou diplomatiques, économiques et culturels, dans lesquels se forme ou s'est formée la conscience présente qu'elle a d'elle-même. La mémoire nationale est la mémoire des conflits passés, conflits plus ou moins mythifiés, où les catastrophes et les batailles perdues jouent un rôle aussi important que les victoires. Cette remarque permet de résoudre le problème lié à la définition objective de la nation, problème posé par le fait que les traits objectifs pertinents pour définir la nation – la religion, la langue, etc. – changent d'un cas à l'autre. Ce qui est fondamental, c'est la conscience collective qui se forme dans une situation de conflit. C'est dans ce contexte de conflits que les « interprètes » de la conscience collective – politiciens, hommes de lettres, etc. – définissent l'identité nationale en sélectionnant certaines données parmi la religion, la langue, la tradition culturelle, juridique et politique. Cette sélection est donc particulière à chaque nation, chacune se définissant d'après le trait culturel qui lui a valu menace, conflit ou persécution. Les unes insisteront davantage sur la langue, les autres sur la religion, etc. L'aspect religieux prédominera le long des lignes de fracture ou d'opposition entre le christianisme et l'Islam (Espagnols), entre le catholicisme et l'orthodoxie (Croates et Serbes), entre les catholiques et les protestants (Irlande). De même, la langue prédominera le long des zones de contact entre langues différentes, comme en Belgique entre les francophones et les néerlandophones, au Canada entre les anglophones et les francophones, en Europe centrale entre les germanophones et les Tchèques ou les Hongrois. À l'époque moderne, les différences qui s'accusent et s'affrontent seront souvent des différences idéologiques. Par exemple, le sentiment national français s'est retrempé, après la Seconde Guerre mondiale, dans l'esprit de la résistance au nazisme, etc.

La même logique vaut pour la définition du concept de nation. Cette définition est élaborée dans un contexte de conflits qui donne lieu à des définitions *nationales* de la nation. Ainsi, l'idée d'une « nation-contrat » est développée, en France, à la suite de la perte de l'Alsace-Lorraine. Elle prend place dans un argumentaire qui, en réaction à l'annexion de ces provinces par l'Allemagne, veut montrer la nécessité de consulter les populations avant toute modification de frontières. C'est une définition qui veut contrer le droit du vainqueur en lui opposant celui des peuples à disposer d'eux-mêmes. La « nation-culture » apparaît dans une Allemagne éclatée et dominée par la France. Elle est une manière d'opposer la profondeur de l'esprit à la domination politique et militaire, ainsi que l'authenticité d'une culture singulière à l'universalisme « abstrait » des Français.

Ainsi, la conscience nationale est liée à l'idée de souveraineté en raison des conflits où elle se forme, que ces conflits soient réels ou latents, présents ou remémorés. S'agissant des conflits externes, la prise de conscience est d'emblée liée à l'idée de survie et de perpétuation de la communauté. S'agissant des conflits internes, elle est liée à l'enjeu majeur que constitue le contrôle du pouvoir. La notion de souveraineté conjugue ces deux aspects : l'indépendance à l'extérieur, le pouvoir à l'intérieur. Pour les nations qui se sont formées à l'intérieur d'un État monarchique, elle se traduit par une refondation révolutionnaire de l'État. Pour les communautés culturelles qui ne sont pas dotées d'un État propre, elle conduit à une lutte dont l'objet est d'accéder sinon à l'État, du moins à une forme d'autonomie dans le cadre d'un État multinational.

Identité nationale et démocratie

Pour s'assurer de la pertinence d'un concept, il faut en mettre à l'épreuve le caractère opératoire. Il faut examiner en quoi ce concept permet de formuler et de traiter les problèmes. En ce qui concerne la nation, il y a deux problèmes majeurs. Le premier concerne l'unité et l'identité de la nation, le second les rapports entre nation et démocratie. D'un côté, le concept de nation implique à la fois : une unité de culture, une conscience collective, l'aspiration à une forme de souveraineté. Mais l'unité de culture existe-t-elle vraiment ? Si c'est le cas, de quel type de culture parle-t-on ? De la culture au sens d'une langue, de références historiques, artistiques et littéraires, de symboles communs ? Ou de la culture au sens de système de valeurs, de normes de comportement, de pratiques et de conceptions morales ? Un système scolaire inculque des références communes, des connaissances relatives à l'histoire ou à la littérature nationales. Cette communauté de références et de symboles induit-elle une véritable communauté de pratiques, de représentations, de convictions ? La nation forme-t-elle une communauté éthique ? S'il faut répondre par la négative, n'est-elle pas une fiction politiquement utile, une construction « idéologique » servant à préserver l'intégrité des États ? D'un autre côté, la nation est-elle un cadre favorable à la démocratie ? Est-elle au contraire une source permanente de violence nationaliste, un principe d'expansion hégémonique à l'extérieur, d'oppression des minorités à l'intérieur, de restriction de la liberté de parole pour ses propres membres ? Si c'est le cas, le développement de la démocratie impose le passage à une forme postnationale de l'État.

Ces deux questions portent sur l'unité de culture qui fonde l'identité nationale. La première question consiste à demander si cette unité est bien réelle. La seconde revient à demander si elle ne l'est pas trop.

1) *La nation : fiction politique ou communauté éthique ?*

Les nations sont-elles de véritables communautés éthiques, ou un cadre dans lequel coexistent différentes traditions morales ? Si tel est le cas, tous les États-nations sont en un sens multiculturels. Il faudrait renoncer à parler de nations, ou admettre que l'unité nationale est seulement symbolique. Cette unité tiendrait à une communauté de références, de symboles d'identité, recouvrant et masquant une diversité de modes de vie et de codes moraux. Dès lors, la nation ne serait qu'une fiction politiquement nécessaire pour assurer l'intégrité des États, pour légitimer une forme de hiérarchie sociale et d'exercice du pouvoir. Elle existerait comme représentation résultant d'un travail d'inculcation – par l'école, les médias, etc. – mais elle n'aurait aucune réalité comme communauté éthique effective.

Facteurs sociaux et politiques de l'unification culturelle

Pour traiter ces questions, il faut examiner les facteurs d'unification culturelle des nations. Ces facteurs sont de deux ordres : socio-économique et politique. Certaines théories, comme celles de Benedict Anderson et d'Ernest Gellner, rapportent la formation des nations au développement des sociétés modernes lié à la révolution des techniques. Pour Benedict Anderson [1], l'invention de l'imprimerie a entraîné la standardisation des langues, afin de créer de vastes lectorats en contrant la fragmentation des dialectes. La culture de l'imprimé crée ainsi des communautés linguistiques dont l'aire correspond à celle d'un marché. Les individus qui lisent et parlent ces langues se sentent appartenir à une communauté qui déborde le cadre local de leur existence, une communauté de millions d'anonymes dont ils ignorent tout. Pour chacun d'eux, cette nouvelle communauté d'appartenance est une communauté imaginée, elle n'existe qu'en représentation. Ces « communautés imaginées » fournissent le support des nations modernes. Pour Ernest Gellner, l'unification culturelle est une suite de la révolution industrielle. Elle est liée à la rationalisation du travail social, au développement des techniques, à la mobilité professionnelle. Chaque individu est obligé de maîtriser un code élaboré pour s'adapter au nouveau paradigme du travail, où la transformation de la matière à l'aide d'outils fait place à la manipulation des machines à l'aide de

---

1. Cf. Benedict Anderson, *L'Imaginaire national*, *op. cit.*

signes. D'où la nécessité d'une éducation générale de haut niveau commune à tous les membres de la société, nécessité qui entraîne l'unification culturelle de cette société par l'intermédiaire d'un système éducatif contrôlé par l'État. Ce processus est accompagné par le désenclavement des campagnes consécutif au développement des transports, par l'extension des communications et l'accroissement de la mobilité sociale.

Ce qui plaide en faveur de ces thèses, c'est le morcellement des sociétés agraires et féodales traditionnelles. Ces sociétés sont fragmentées en de multiples communautés locales, peu liées entre elles faute de routes et de moyens de communication. Elles sont hétérogènes sur le plan des coutumes et des institutions, elles parlent des langues différentes ou des dialectes différenciés d'une même langue. Ces sociétés sont également stratifiées en couches sociales qui ont peu de choses en commun sur le plan culturel : il n'y a rien de commun entre la manière de vivre, la langue et les idéaux de l'aristocratie, d'une part, et ceux de la paysannerie qui constitue la grande majorité de la population, d'autre part. Par conséquent, les sociétés traditionnelles ne peuvent pas être des sociétés nationales. Les nations ne sont ni des tribus, ni des cités, ni des communautés locales. Ce ne sont pas des sociétés de « face-à-face ». Ce sont des vastes sociétés intégrées, composées de millions d'individus qui ne se connaissent pas, qui ne se rencontreront jamais, et qui pourtant ont le sentiment d'avoir quelque chose en commun. Cette chose commune est la culture dans laquelle ils ont été formés.

Néanmoins, ces thèses se heurtent à des objections d'ordre historique. Dans un certain nombre de cas, le sentiment national s'est développé avant la révolution industrielle. Les sociétés d'Europe centrale, par exemple, étaient encore largement agraires au moment du « printemps des peuples » de 1848. Quant à la standardisation de la langue, on peut faire valoir la priorité des facteurs politiques sur les impératifs du marché. L'uniformisation linguistique a commencé à l'époque de la Réforme – avec la traduction de la Bible par Luther – et de la Contre Réforme. Plus qu'à des impératifs économiques, la diffusion de l'imprimé a été motivée par un prosélytisme religieux dont l'enjeu était aussi politique, en raison du principe *cujus regio, ejus religio*. Cela explique les progrès précoces de l'alphabétisation dans les pays, protestants et catholiques, qui furent en première ligne des conflits religieux[1]. D'une manière générale, le développement de l'État moderne a contribué de manière décisive à l'unification culturelle des nations.

Dans le courant du XIXe siècle, cette unification a progressé sous la triple influence d'une administration uniforme, de la scolarisation de masse et de la conscription. L'une des caractéristiques de l'État moderne, en effet, c'est l'unification administrative et le rapport direct des citoyens à l'État. Il n'y a plus de pouvoirs intermédiaires – seigneuriaux, ecclésiastiques – interposés entre un souverain et ses sujets. Plus précisément, le rapport des citoyens à l'État est médiatisé par leurs représentants quand il s'agit de faire la loi, mais il est immédiat quand il s'agit de l'appliquer. Dans ce cas, l'État se présente aux yeux des citoyens sous la forme d'une administration qui règle l'activité sociale, veille à l'application des lois, assure les services publics. Les membres de la société civile sont en rapport constant avec cette administration uniforme et centralisée. Celle-ci est un puissant facteur d'unification linguistique. En fonction de ses procédures et des relations qu'elle entretient avec les administrés, elle induit chez ces derniers un certain rapport à la loi et à l'autorité.

L'école et le service militaire participent aussi à l'unification linguistique et au développement du sentiment national. Jusqu'à une date récente – marquée par la professionnalisation

---

1. Cf. Guy Hermet, *op. cit.*, p. 73-74.

des armées – la conscription a été considérée comme la contrepartie de la citoyenneté. Le citoyen, qui participe à l'exercice du pouvoir, doit aussi prendre part à la défense nationale. Sur ce point, le fait essentiel n'est pas seulement la formation dispensée à la caserne, la discipline militaire et le culte des symboles. La participation massive des citoyens aux guerres du XIXᵉ et du XXᵉ siècles, le souvenir et les traumatismes de ces guerres, ont joué un rôle décisif dans la formation du sentiment national. Quant à l'école, elle contribue à l'unité politique et culturelle par l'enseignement de la langue, de la littérature, de l'histoire et de la géographie nationales. Là encore, l'histoire des batailles et des conquêtes, les provinces ou les colonies perdues, les terres irrédentistes, etc., ont joué leur rôle dans la formation du sentiment national. Mais ce sentiment n'est pas seulement lié aux conflits internationaux, il l'est aussi aux conflits idéologiques internes dont l'enjeu est la stabilisation ou l'évolution politique du régime. C'est pourquoi la fonction politique de l'école est aussi importante que sa fonction économique et sociale. Il ne s'agit pas uniquement de former les travailleurs qualifiés dont a besoin une société de progrès, il faut aussi former les citoyens qui participent au suffrage universel. C'est évident dans le cas français, où l'instruction devient gratuite et obligatoire, en 1881 et 1882, dans un pays encore largement rural. L'État a besoin de citoyens qui soutiendront le régime républicain et sauront exercer les responsabilités civiques. Il s'agit aussi de renforcer l'unité nationale après la défaite de 1870 face à la Prusse.

Le rôle de l'État, de la conscription, de l'administration, de la scolarisation ne concerne pas seulement les nations formées dans un État « mononational ». Sous une forme spécifique, il concerne aussi les nations qui se sont formées au sein d'un État multinational. Bien avant leur accession à la souveraineté au lendemain de la Première Guerre Mondiale, par exemple, les nationalités de l'Empire austro-hongrois se sont unifiées grâce à des réseaux d'écoles, d'associations sportives, d'organisations culturelles, de maisons d'édition, de théâtres nationaux, d'administrations fonctionnant dans une langue propre. L'allemand était la langue de commandement de l'armée austro-hongroise, mais chaque régiment avait ses langues particulières. Au sein de la double monarchie austro-hongroise, les nationalités se sont dotées d'institutions qui ont joué un rôle décisif dans l'unification culturelle des différentes communautés[1]. Dans certains cas, un certaine forme d'auto-nomie culturelle a été encouragée par l'État multinational lui-même. C'est le cas de l'Union soviétique, où l'octroi d'une relative autonomie culturelle aux républiques a servi de contrepartie à l'absence de participation politique[2].

Il y a donc matière à débat sur la priorité et le poids res-pectif des facteurs politiques, économiques et sociaux dans l'unification culturelle des nations. Mais l'industrialisation joue de toute façon un rôle majeur, même si elle n'intervient qu'au cours du processus. Or, la rationalisation du travail social, le progrès technique, la mobilité sociale ne produisent pas seulement une société de communication fondée sur l'unité linguistique. Ils se traduisent par la diffusion de principes, de valeurs caractéristiques des sociétés modernes : le progrès technique, le bien-être matériel, l'égalité des chances ; le refus des discriminations sexuelles, raciales, reli-gieuses, qui correspond à une utilisation rationnelle des ressources humaines ; l'indépendance et l'autonomie person-nelles, propres à une société où le progrès repose sur l'ini-tiative individuelle, etc. Ces principes ne sont pas rigoureu-sement appliqués, en raison du poids des héritages et des inégalités qui, dans toutes les sociétés, favorisent certains groupes sociaux. Mais ils définissent l'idéal d'une organi-

1. Cf. Bernard Michel, *Nations et nationalismes en Europe centrale*, Paris, Aubier, 1995.
2. Cf. Guy Hermet, *op. cit.*, p. 213-214.

sation rationnelle du travail social. Ils entraînent la formation d'*habitus*, de dispositions éthiques spécifiques : éthique du travail, individualisme, calcul rationnel de l'intérêt, etc. On peut donc parler d'une unification éthique des sociétés modernes.

Civilisation universelle et spécificités culturelles

Dans ces conditions, comment rendre compte de la formation d'une culture ou d'une morale particulières à une nation donnée ? Dans la mesure où elles sont liées au développement des sociétés modernes, l'unification culturelle, l'uniformisation des modes de vie débordent le cadre de la nation. Elles commencent dans le cadre d'un marché national, mais ce n'est qu'une étape. La société moderne, industrielle ou post-industrielle, est mondiale en son principe. Dès lors, l'unification liée à la modernisation des sociétés ne sera pas arrêtée par les frontières nationales. Elle entraîne la formation d'une société universelle, avec la perspective d'une dissolution des traditions nationales dans une même culture internationale. L'importance croissante des services et de la communication, le développement des médias, des marchés, des entreprises de taille mondiale, la diffusion planétaire de la culture anglo-américaine seraient à la fois des facteurs et des effets de ce processus. Là encore, il ne s'agit pas seulement de la culture au sens d'un système de communication basé sur des connaissances, des concepts et une langue commune. Il s'agit aussi d'une unification éthique liée à la diffusion des *habitus* spécifiques de la modernité.

Toutefois, il y a des indices d'une unité d'attitudes et de conceptions éthiques à l'échelle des nations. Ces indices peuvent être trouvés sur le plan socio-économique comme sur le plan politique. Sur le plan socio-économique, les nations se présentent comme des sociétés particulières – anglaise, argentine, etc. qui ont leurs propres traditions en matière d'organisation du travail, d'administration, de fiscalité, etc. D'où un certain rapport au travail, au temps, à l'autorité, à l'argent, etc. Par ailleurs, la mondialisation n'est pas une simple extension des marchés et des collaborations. Sa logique est la compétition entre les économies nationales. L'enjeu de cette compétition n'est pas seulement économique. Il est de savoir quel mode d'organisation sociale s'imposera à l'échelle mondiale. C'était déjà l'enjeu de la Guerre froide et du conflit entre économie libérale (capitaliste) et économie dirigée (communiste). Ce l'est encore à présent, avec la compétition entre différentes versions de l'économie libérale – suivant la place que l'on accorde à la protection sociale, aux services publics, à l'initiative individuelle, à la liberté des échanges en matière de culture, d'éducation, etc. Là encore, des traditions éthico-juridiques différentes produisent différentes versions de l'économie libérale. La mondialisation n'est pas la simple extension du réseau des interdépendances. Son enjeu est la prévalence d'une forme d'organisation sociale et d'éthique collective.

Des indices analogues apparaissent sur le plan politique. En effet, il y a unité de principes éthiques dans la mesure où la communauté politique est capable de s'accorder sur un programme d'action. Car un tel programme suppose une interprétation commune des principes directeurs qui s'appliquent à chaque cas : justice, solidarité, respect des personnes et des croyances, égalité des chances, modération, rapport au corps propre, etc. Tous ces principes éthiques entrent en discussion lorsqu'il s'agit de protection sociale, de santé publique, de reproduction assistée, de lutte contre la pauvreté, etc. Toute mesure concrète suppose qu'on donne un sens précis à ces principes, de sorte que les décisions d'un gouvernement en disent plus que tout discours sur ses convictions. Dans la mesure où la nation soutient activement la politique que ces décisions mettent en œuvre, elle manifeste une communauté d'attitudes et de représentations morales. À l'inverse, une politique peut être en conformité avec les règles unanimement acceptées de la procédure démocratique, elle n'a aucune chance d'être efficacement appliquée si elle choque les sentiments moraux d'une grande partie de la population. L'unité d'action suppose un consensus sur les principes éthiques directeurs de l'action. Ce consensus prend la forme d'un compromis où l'accord sur l'interprétation des principes permet en même temps de concilier des intérêts distincts. Mais le consensus est toujours provisoire, l'unité ainsi réalisée est toujours à refaire.

Toutefois, ce ne sont là que des indices. En effet, la question décisive est celle de l'espace. Pour pouvoir affirmer qu'il existe une éthique ou un morale concrète propres à chaque nation, il faut démontrer qu'un ensemble d'attitudes et de représentations coïncide avec les limites d'un territoire donné. Dans le cas des grandes nations hétérogènes, cela paraît difficilement soutenable. Indépendamment de leurs différences internes, il n'y pas de raison que les façons de vivre et les représentations morales se plient au tracé des frontières. On peut toutefois l'envisager pour les traits de cette éthique qui sont dus à l'action de l'État territorial. Dans cette perspective, il peut y avoir une relative unité, mais certainement pas d'homogénéité culturelle au sens strict. Quant aux modalités de cette action unificatrice de l'État, il faut les envisager de deux façons. D'une part, les différents régimes politiques induisent en chaque cas des dispositions éthiques spécifiques, soit sous forme d'inculcation, soit sous forme d'adaptation. D'autre part, l'État joue un rôle d'unification des traditions locales. L'unité de culture relève ainsi d'un syncrétisme à la fois « vertical » et « horizontal ».

La philosophie politique accorde une importance particulière aux implications morales de chaque type de régime politique. Pour parler comme Montesquieu, chaque forme de gouvernement a sa nature mais aussi son principe, une forme de passion dont dépend son fonctionnement : la crainte pour le despotisme, l'honneur pour la monarchie, l'obéissance volontaire à la loi pour l'État constitutionnel. De Platon à Tocqueville, le type d'attitude induit par le régime démocratique a été minutieusement analysé, de même que ses conséquences : l'individualisme, la passion de l'égalité, la toute-puissance de la majorité, etc. Mais la nature d'un régime ne suffit pas à rendre compte d'une mentalité collective, sinon toutes les démocraties seraient indiscernables, de même que les monarchies ou les oligarchies. C'est donc l'histoire qui fait en chaque cas la différence. Les idiosyncrasies nationales sont liées à la genèse des États, à la façon dont les régimes politiques se sont succédé, aux rapports entre les Eglises et l'État, etc.

Les analyses de Norbert Élias fournissent un développement cohérent de cette thèse. Pour Norbert Élias, un même processus de civilisation conduit à l'avènement de l'État moderne et à une forme de régulation des pulsions fondée sur l'autocontrainte. La raison de cette coïncidence tient au monopole de la violence détenu par l'État moderne. À mesure que se constitue ce monopole, la compétition sociale pour le pouvoir et la richesse ne peut plus prendre la forme d'une lutte violente. C'est une compétition réglée par l'autorité politique. Il faut donc se soumettre aux règles du jeu social, inhiber les pulsions agressives, développer l'aptitude au calcul stratégique. Le développement de la conscience morale et des impératifs d'autocontrôle est ainsi contemporain de la pacification de la société dans le cadre du monopole étatique de la violence. C'est le même processus de civilisation qui conduit à l'État moderne et au psychisme individuel structuré par le *moi*, le *ça*, le *surmoi* de la topique freudienne.

Ce processus s'effectue d'abord dans le cadre de l'absolutisme royal, avant de se prolonger dans celui des sociétés démocratiques contemporaines. Dans le cadre de l'absolutisme royal, dont la France fournit l'exemple typique, la compétition sociale oppose essentiellement la noblesse et la bourgeoisie. Le roi joue un rôle d'arbitre qui lui permet d'assujettir l'une et l'autre classe et de consolider son propre pouvoir. Le champ de la compétition est la cour, les règles sont celles de l'étiquette, le pouvoir et la richesse dépendent de la faveur du roi. Les formes dominantes d'autocontrainte correspondent aux normes de comportement, à la manière de parler, au type de rapport à autrui élaborés dans les cercles aristocratiques. Ce sont les normes de la courtoisie, de l'élégance, de la maîtrise de soi développées à la cour. Au cours de son ascension sociale, la bourgeoisie les assimile tout en les adaptant à ses propres principes. De cet amalgame résultent les *habitus* bourgeois. Car l'assimilation des attitudes caractéristiques des couches supérieures fait partie d'une stratégie dans la compétition sociale. Lors de la socialisation du monopole, la compétition s'étend à l'ensemble de la société dans un contexte d'interdépendance croissante entre les couches sociales. Les contraintes de la coopération économique et l'éducation familiale sont désormais centrales pour la formation de l'autocontrainte et la réduction de la violence individuelle. Au cours de ce processus, les classes populaires s'assimilent stratégiquement, en les modifiant, les *habitus* de la bourgeoisie. De cette assimilation témoignent les stratégies de « distinction » utilisées par celle-ci pour marquer ses distances. Il s'agit d'une réaction à la formation et à la diffusion, dans l'ensemble de la société, des *habitus* de la classe moyenne. Ces *habitus* se généralisent sous la forme d'un « caractère national » défini par une certaine façon de se comporter, par un certain type de rapport aux autres et à soi-même, au pouvoir et à la loi.

Le caractère national est donc la cristallisation d'une histoire. C'est un *habitus* collectif façonné par la genèse du pouvoir politique et la lutte entre les couches sociales. Pour Élias, les rapports entre noblesse et bourgeoisie sont l'élément central de cette histoire. De ces rapports dépend le type d'*habitus* adopté par la bourgeoisie, puis à la fois approprié et transformé par l'ensemble de la population. En Angleterre, par exemple, la phase absolutiste a été relativement courte. Très tôt, la bourgeoisie citadine et l'aristocratie campagnarde se sont alliées pour contrôler le pouvoir du roi. L'insularité du pays, la menace extérieure moins pressante qu'ailleurs, ont permis d'instaurer un contrôle politique du pouvoir royal et de l'emploi de la force publique. L'union de la bourgeoisie et de la noblesse a été renforcée par le développement de l'empire colonial. À l'égard des populations colonisées, elles ont formé une même couche supérieure associée à l'administration de l'empire. Dans ces circonstances, les codes de conduite de la noblesse et de la bourgeoisie se sont progressivement amalgamés. En Allemagne, en revanche, la bourgeoisie est sortie ruinée de la Guerre de Trente ans. Le pouvoir était d'autant plus difficile à combattre qu'il était disséminé en une multitude d'unités politiques. En conséquence, l'ascension sociale de la bourgeoisie a été freinée. La noblesse a monopolisé plus longtemps les postes clés. Ses positions ont été confortées par la nécessité de défendre des frontières longues et toujours menacées, d'où la constitution d'un puissant appareil militaire qui lui a donné un rôle prépondérant. Dans ces conditions, le pouvoir social de la noblesse a été consolidé, elle a continué à occuper les positions dominantes dans les États et les administrations. L'aristocratie est restée plus longtemps isolée, la bourgeoisie tenue à l'écart de tout rôle politique majeur. L'opposition entre culture et civilisation, caractéristique de la tradition allemande, correspond à cette situation. La civilisation, c'est l'extériorité, l'artifice, les faux-semblants de la vie de cour. La culture, c'est le savoir véritable, l'intériorité et le naturel authentique. D'un côté, la superficialité et l'amoralité de l'aristocratie. De l'autre côté, la profondeur et les vertus d'une classe moyenne d'intellectuels, de fonctionnaires et d'universitaires. Il a fallu attendre longtemps pour que les modes de comportement et les codes moraux de la noblesse et de la bourgeoisie s'amalgament. Ils ont longtemps coexisté sans communiquer. Tout au long de cette période, la bourgeoisie a pris l'habitude de s'en remettre à l'autorité et à la puissance étatiques[1]. D'où une série de conséquences : l'intériorisation, l'exaltation de l'esprit et de la culture ; la soumission à l'autorité et le respect des ordres reçus ; mais aussi, chez les intellectuels, le radicalisme des constructions théoriques. L'isolement relatif de l'université y a contribué, tandis qu'en France un mode spécifique d'assujettissement des élites – la « curialisation », l'implication dans la vie de cour – a laissé des traces durables dans les *habitus*.

Les analyses de Norbert Élias décrivent la formation d'*habitus* nationaux par une sorte de syncrétisme vertical, lié à la compétition entre les couches sociales. Il faut y ajouter des considérations relatives aux rapports entre l'État et la religion. Car l'autorité politique et l'autorité religieuse sont souvent liées, non seulement dans les sociétés occidentales d'ancien régime, mais aussi dans nombre d'États contemporains. Là où existe une religion d'État ou une religion dominante fortement structurée, l'inculcation politique se double d'une inculcation religieuse. Or la religion, officielle ou majoritaire, implique des principes moraux relatifs à la plupart des aspects de la vie collective : morale conjugale, habitudes de solidarité, relations entre les générations, rapport à l'autorité, à la loi, au travail, à la réussite professionnelle, etc. Les thèses classiques de Max Weber sur le lien entre éthique protestante et capitalisme naissant illustrent ce point. Même dans les sociétés occidentales sécularisées, où la croyance est une affaire privée, les représentations morales fondamentales sont souvent la version laïque de principes hérités d'une religion. Le rapport à l'autorité, l'importance accordée à l'autonomie individuelle, etc. varient en fonction des traditions religieuses, suivant les différentes interprétations d'une même confession. Ces dispo-

---

1. Cf. Norbert Élias, *La Dynamique de l'Occident*, Paris, Calmann-Lévy, 1997, p. 295.

sitions éthiques et ces représentations subsistent quand la religion a cessé de jouer un rôle essentiel dans la vie publique. La morale collective ne repose dès lors plus nécessairement sur un fondement religieux, elle peut être fondée sur les impératifs de la conscience ou sur des considérations d'utilité.

Les États modernes sont caractérisés par une forme ou une autre de neutralité religieuse, mais aussi par la pluralité des confessions, par le fait qu'il y a des religions majoritaires et minoritaires. De ce point de vue, les traditions nationales sont caractérisées par le mode de relation qu'elles instaurent entre les différentes confessions. Quand la neutralité religieuse de l'État est proclamée, elle est mise en œuvre de différentes manières selon les cas. Au sens français du terme, par exemple, la laïcité découle de la séparation totale de l'Eglise et de l'État. Il n'y a aucune référence à la religion dans la vie publique, la croyance ou l'incroyance sont d'ordre strictement privé. Aux États-Unis la référence à Dieu est possible, mais sous une forme générale compatible avec la diversité des confessions. De ce fait, la coexistence des options philosophiques ou religieuses est réglée par un principe de tolérance qui n'est pas identique au principe de laïcité *stricto sensu*.

Cet argument peut être étendu à l'ensemble des coutumes, des modes de vie, des codes moraux particuliers. D'une manière générale, les traits particuliers de chaque nation tiennent au mode de relation institué entre les différentes traditions, majoritaires et minoritaires, à leurs différents degrés d'intégration en une tradition unifiée. De ce point de vue, il y a une différence de degré, mais pas de nature, entre les nations et les sociétés multiculturelles. D'un côté, la morale commune résulte des rapports tissés entre les composantes d'une même tradition. D'un autre côté, elle résulte des rapports entre différentes traditions. Dans tous les cas, c'est une morale syncrétique dont les éléments sont plus ou moins intégrés, plus au moins distanciés, plus ou moins cohérents. Il y a un syncrétisme « horizontal » entre les différentes traditions particulières, locales, etc., qui complète le syncrétisme « vertical » résultant de la lutte entre les couches sociales.

Dans la mesure où il correspond aux limites d'un territoire donné, ce syncrétisme est dû à l'action de l'État territorial moderne. L'État est loin d'être le seul facteur à prendre en compte. Il ne « crée » pas les attitudes et les convictions éthiques d'une communauté donnée. Il n'est pas non plus l'émanation de l'« esprit » d'un peuple. Mais il a joué le rôle d'agent unificateur, notamment par l'uniformisation et la rationalisation du droit positif. C'est pourquoi le système des lois positives est une illustration privilégiée du syncrétisme horizontal et vertical. Il est issu de l'unification des coutumes locales fondées sur la durée et le consentement tacite des populations, de l'influence du droit romain et du droit canonique, de la jurisprudence des praticiens, de la législation royale, de la systématisation du droit dans les codes promulgués aux XIXᵉ et XXᵉ siècles. Il évolue au rythme des conflits entre les intérêts des différentes couches sociales, des débats entre les diverses conceptions de la justice, entre les traditions morales, confessionnelles, philosophiques sur tous les sujets abordés par la loi. Il y a donc bien une éthique commune, quoiqu'elle ne soit ni définitive, ni complètement cohérente, c'est celle qui s'exprime en partie dans l'ensemble des institutions, des lois et des procédures dans lesquelles une communauté se reconnaît suffisamment pour les respecter et les mettre en œuvre. En partie seulement, car les attitudes et les représentations morales s'inscrivent aussi dans les silences de la loi. Leur description relève alors de l'enquête historique et sociologique.

En réponse à la question posée, on peut parler d'une unité culturelle à l'échelle des nations, y compris au sens d'une éthique commune. Mais il s'agit d'une unité intérieurement différenciée. D'une part, la différenciation sociale entraîne la diversité des interprétations. Les membres d'une nation peuvent se reconnaître dans des pratiques, des principes et des symboles communs, mais les interprétations qu'ils en donnent sont différentes. Cette diversité des interprétations est inévitable, elle est liée aux différences entre groupes professionnels, entre couches sociales, entre régions et métropole, entre zones urbaines et rurales, sans oublier les différences entre générations aussi visibles – parfois plus – que les différences entre traditions nationales. Une culture commune n'est donc en rien la garantie d'un consensus, elle provoque au contraire la diversité des points de vue. Ce que les membres d'une nation ont en commun est précisément ce qui les divise.

D'autre part, les nations sont à la fois des sociétés et des communautés. Leurs traditions se forment à la fois sur les deux plans. Sur le plan social, elles infléchissent le rapport au travail, à l'organisation de la société dans son ensemble. Sur le plan de la communauté historique, elles correspondent aux dispositions et aux représentations morales qui font de la communauté un « monde vécu ». Mais la société se mondialise, tandis que toute communauté historique est particulière. De ce fait, toutes les traditions nationales sont travaillées par une tension interne entre l'universel de la société moderne et leurs propres particularités historiques. Les traditions morales donnent sens à une existence qui, sur le plan de la société moderne, est bornée par le progrès matériel, la compétition sociale et la recherche de la performance. En revanche, ces traditions doivent s'adapter à une société en cours de mondialisation, au développement technologique, à l'organisation rationnelle du travail social. L'efficacité croissante, par exemple, suppose l'éducation et l'initiative personnelle de tous les individus. Elle pousse à une forme d'égalité qui remet en question les hiérarchies traditionnelles. Cette problématique interne à chaque tradition conduit à des attitudes très différentes, depuis le fondamentalisme arc-bouté sur la défense d'une tradition immuable, jusqu'au scepticisme pour lequel les traditions ne sont plus qu'un objet de curiosité. Là encore, l'unité de tradition implique le conflit des interprétations.

2) *Nation et démocratie*

Le deuxième problème concerne les rapports entre nation et démocratie. Deux positions antinomiques se dégagent alors, selon que les concepts de nation et de démocratie sont considérés comme liés ou disjoints, sinon opposés. J'examinerai cette antinomie en me référant à Jürgen Habermas, dont la propre position correspond à l'une des thèses en présence[1].

Nation démocratique et démocratie postnationale

D'un côté, la démocratie est définie comme l'expression et la réalisation des volontés de la nation. Celle-ci doit parler d'une seule voix, manifester une unité de volonté. Or, l'expression d'une même volonté suppose un consensus. Une relative homogénéité culturelle est nécessaire pour que ce consensus puisse être atteint. Il ne suffit pas que les citoyens soient égaux en droits, tant civils que politiques. Il faut aussi qu'ils soient membres d'une même communauté de culture. L'homogénéité culturelle est aussi nécessaire pour que les citoyens fassent preuve de solidarité et de loyauté : d'une solidarité fondée sur la similitude à l'égard de leurs concitoyens, d'une loyauté à l'égard de l'État considéré comme défenseur de l'identité nationale. À cet égard, la culture commune représente une première forme d'universalisation par rapport aux particularismes locaux. Elle élargit l'horizon des citoyens. Elle leur permet d'accepter et de soutenir des politiques de redistribution en faveur de leurs concitoyens défavorisés. Universelle par rapport aux particularismes

---

1. Cf. *L'Intégration républicaine*, *op. cit.* ; et *Après l'État-nation*, *op. cit.*

locaux, la culture nationale apparaît en revanche comme une culture particulière dans le contexte des rivalités internationales. Elle prend la forme d'une identité qu'il s'agit d'affirmer et de protéger, tâche dévolue à l'État. En un mot, l'unité de culture est un facteur politique essentiel. Elle renforce la cohésion de l'État, elle permet la mise en œuvre des procédures démocratiques. Elle fonde l'appartenance à l'État sur un attachement d'ordre émotionnel, par opposition à l'adhésion intellectuelle à des principes politiques abstraits, insuffisante pour motiver l'action. Réciproquement, l'État permet à cette culture de se perpétuer. Ainsi la nation ne se réalise que dans l'État. L'État, de son côté, inscrit les procédures démocratiques dans la réalité historique de la nation.

Dans cette perspective, l'idéal est une triple congruence entre un État, une communauté, une société. C'est la superposition entre unité politique, unité de culture, unité socio-économique dans les limites d'un même territoire. La congruence entre unités culturelle et politique permet de légitimer l'action de l'État par un consensus résultant de l'unité de culture. Elle assigne à l'État-nation la tâche d'assurer la perpétuation de cette culture. Quant à la congruence entre unités politique et socio-économique, elle permet à l'État de maîtriser les processus économiques. Elle rend possible la réduction des inégalités sociales, indispensable pour donner une crédibilité au principe démocratique de l'égalité des citoyens.

D'un autre côté, on refuse l'idée que la nation soit le sujet – le « macro-sujet » – de l'action. Les sujets de l'action politique sont les citoyens, les individus participant au processus démocratique. Ils ne sont pas unis par un consensus unanime. Ils ne forment pas une communauté soudée par une même volonté, mais une communauté intersubjective de discussion. Le lien politique ne repose pas sur l'homogénéité culturelle et l'identité qu'elle procure à ses membres. Il est constitué par la participation à une procédure qui associe les citoyens à la prise des décisions politiques. Il repose sur les règles et les principes définis par une constitution dont la tâche est d'organiser l'exercice du pouvoir en précisant comment la discussion politique doit être menée, quelles conditions formelles elle doit satisfaire pour aboutir à une décision ayant force de loi. Le citoyen participe ainsi à une procédure d'auto-législation. Il prend part à l'élaboration de la loi à laquelle il obéit. La solidarité à l'égard de ses concitoyens est fondée sur ce lien politique. La loyauté à l'égard de l'État n'est rien d'autre que la fidélité aux principes fondamentaux définis par la Constitution, associée à la faculté d'assumer sur un mode critique l'héritage de l'histoire. En ce sens, elle prend la forme d'un patriotisme constitutionnel, d'un *Verfassungspatriotismus*. Comme ce patriotisme est lié à l'affirmation de principes juridico-politiques universels, et non à la défense d'une identité nationale, il s'inscrit d'emblée dans une perspective cosmopolitique. Telle est la position de Jürgen Habermas.

Habermas appuie ses thèses sur une analyse de la situation présente. Cette situation se caractérise par la fin de la congruence entre le politique, le social et le culturel dans les frontières d'un territoire contrôlé par l'État. En effet, la mondialisation se caractérise par l'accroissement des échanges de biens et de services, par la mobilité accrue des personnes et l'influence mondiale d'entreprises et de marchés internationaux. De ce fait, les États-nations ne sont plus en mesure de mener une politique économique indépendante. Il leur est de plus en plus difficile de mettre en œuvre une politique de redistribution des ressources, de protection sociale, de services publics, de consolider par une réduction des inégalités sociales le principe de l'égalité politique des citoyens. La mondialisation de la société crée une dissociation entre le politique et le social, et cette dissociation affecte la crédibilité de l'action démocratique.

La mondialisation crée aussi une dissociation entre le politique et le culturel. Il existe déjà de grands États multinationaux, mais les États-nations eux-mêmes évoluent vers le multiculturalisme. Cette évolution est notamment due à l'immigration. Au sein des sociétés européennes, en particulier, il y a une hétérogénéité croissante des formes de vie. Certes la diffusion d'une culture planétaire, la culture anglo-américaine, produit une certaine uniformisation des styles de vie. Mais la différence réapparaît dans les modes d'appropriation de cette culture mondiale par les divers groupes sociaux, par les différents types de communautés infra-nationales. À ce niveau, il y a une différenciation culturelle croissante sous forme de mode de vie mixtes et de plus en plus individualisés.

Les cultures nationales sont ainsi doublement mises en cause : leur singularité est mise à mal par l'uniformisation planétaire des sociétés, leur unité l'est aussi par cette différenciation qui les travaille de l'intérieur. En conséquence, l'auto-régulation démocratique des sociétés doit changer de forme. Elle ne peut plus s'appuyer sur un *consensus* résultant de l'homogénéité culturelle, elle doit passer par un *débat politique* entre des individus qui peuvent être culturellement étrangers les uns aux autres. Au système dans lequel une tradition majoritaire fonde un large consensus, il faut préférer le système dans lequel une culture politique commune coiffe la diversité des cultures traditionnelles. L'Union européenne représente à cet égard une double chance. D'une part, elle peut réaliser la nécessaire dissociation de l'appartenance nationale et de la pratique démocratique. D'autre part, elle offre une possibilité de rétablir, à une autre échelle, l'indispensable maîtrise des processus socio-économiques. En tout état de cause, la conjonction entre nation et démocratie, qui a prévalu aux XIXᵉ et XXᵉ siècles, était contingente et conjoncturelle. Elle est en train de se défaire. Le développement ultérieur de la démocratie suppose le passage à une forme postnationale de l'État.

Ces thèses sont justes sur plusieurs points décisifs. En particulier, Habermas tire les conséquences du découplage entre société et communauté. Dès lors qu'il n'y a plus congruence entre la sphère socio-économique et la sphère historico-politique, l'idée classique d'État-nation a vécu. Tout État-nation est obligé de s'associer à d'autres pour reconstituer, dans le cadre d'organisations internationales, la maîtrise politique des processus économiques. Dans ce contexte, les traditions nationales ne peuvent se perpétuer qu'en se transformant. Elles doivent s'adapter aux nécessités de la coopération internationale, mais aussi aux effets culturels de la communication et de la mobilité croissante des individus. Chaque tradition nationale est désormais travaillée par une tension interne entre l'universel et le particulier, entre les deux principes de la morale et de l'éducation : d'une part, les attitudes et les représentations induites par la technique et la rationalisation du travail social ; d'autre part, les valeurs héritées d'un complexe de traditions historiques.

S'agissant des rapports entre État et communauté, en revanche, les choses sont moins claires. La question est de savoir si l'État correspond à l'unité d'une communauté éthique. Dans l'affirmative, les citoyens ont en commun des pratiques et des principes aussi bien éthiques que politiques. Dans ce cas, ce sont les Fédérations d'États qui sont post-nationales, mais les entités fédérées sont des nations, du moins sous l'aspect où l'unité politique correspond à une unité culturelle. En revanche, si l'unité politique ne correspond plus à l'unité d'une forme de vie, les citoyens de chacun des États ne sont plus liés que par l'adhésion à des principes juridico-politiques, voire à des normes purement formelles de procédure démocratique. Dès lors, les États fédérés eux-mêmes ne sont plus à proprement parler des nations, mais des États postnationaux.

Sur ce point, il y a un certain flottement dans la théorie d'Habermas. D'une manière générale, cette théorie repose sur une distinction nette entre deux sphères : la sphère éthique et la sphère politique, l'éthique collective et l'action intersubjective, les formes de vie et les principes juridico-politiques. Tout dépend de la manière dont on comprend les rapports entre ces deux sphères. Pour Habermas, ce rapport tient au fait que les principes juridico-politiques sont toujours interprétés dans le contexte d'une forme de vie particulière. Mais cette « contextualisation » des principes peut être entendue en plusieurs sens. Si on l'entend au sens fort, la sphère éthique et la sphère politique sont coextensives. Certains textes d'Habermas vont dans ce sens :

> une communauté politique doit être à même de distinguer entre ceux qui sont membres et ceux qui ne le sont pas. […] Même si une telle communauté se constitue selon les principes univer- salistes d'un État à constitution démocratique, elle développe une identité collective de façon à interpréter et à mettre en œuvre ces principes à la lumière de son histoire et dans le contexte de sa forme de vie [1].

Ce texte décrit une communauté à la fois éthique et politique, autrement dit une nation. Dans une telle perspective, la dis- tinction entre formes de vie et pratiques politiques n'apparaî- trait qu'à l'échelle d'une fédération de nations. La fédération mettrait en œuvre les principes juridico-politiques communs aux différentes nations. Chaque nation interpréterait ces principes en fonction de sa propre histoire.

On pourrait objecter qu'une telle configuration n'est pas à proprement parler *postnationale*. C'est pourquoi l'argument du multiculturalisme est important. Si « toutes les nations européennes sont aujourd'hui en train de devenir des sociétés multiculturelles » [2], c'est à l'intérieur de chacune d'elles qu'intervient la distinction entre formes de vie particulières et principes juridico-politiques communs. Dans ce cas, la

---

1. *Après l'État-Nation*, *op. cit.*, p. 116-117.
2. *Ibid.*, p. 65.

congruence entre la sphère éthique et la sphère politique est défaite à l'échelle de l'État-nation lui-même. De fait, « la capacité d'intégration nationale diminue, et la base relativement homogène de la solidarité citoyenne est ébranlée »[1]. Il y a bien une culture majoritaire, mais l'assimilation politique des immigrés et des minorités ne doit pas entraîner leur assimilation culturelle, sous peine de faire violence à l'intégrité personnelle des individus. Ceux-ci ont construit leur identité personnelle dans le cadre d'une culture propre qui doit faire l'objet d'une politique de reconnaissance. En conséquence, « la culture majoritaire doit se dissocier de [...] la culture politique *générale* »[2]. L'État et la nation doivent être dissociés. Il faut :

> rompre la symbiose que l'État constitutionnel a formée avec la *nation* [...] afin que la solidarité citoyenne puisse se régénérer au niveau plus abstrait d'un universalisme sensible aux différences[3].

Dès lors, on entre bien dans une constellation postnationale. Dans le cas d'une fédération, les États fédérés deviennent tout autant que l'État fédéral des démocraties postnationales. Mais alors, comment justifier l'idée que « niveler les identités nationales des États membres (de l'Union européenne) n'est ni possible ni souhaitable »[4], que le but est de créer « une égalité de conditions pour réaliser des projets de vie individuels, dont le caractère restera toujours national »[5] ?

Par ailleurs, les thèses d'Habermas s'appuient sur une analyse de la situation historique présente. L'argument est que la mondialisation et ses conséquences sur les plans social,

---

1. *Après l'État-Nation*, *op. cit.*, p. 77.
2. *Ibid.*, p. 67.
3. *Ibid.*, p. 83.
4. *Ibid.*, p. 105
5. *Ibid.* Cf. aussi, p. 147.

économique, culturel imposent le passage à une forme post-nationale d'organisation politique. Mais l'argument n'est pas décisif. En effet, l'épuisement des modèles d'intégration propres aux États d'Europe occidentale ou d'Amérique est loin d'être attesté. Mais surtout, la mondialisation n'a manifestement pas affaibli le sens des appartenances nationales. Elle n'a pas accéléré la construction d'institutions internationales permettant de résoudre démocratiquement les problèmes mondiaux, du moins si l'on en juge par la problématique actuelle – hégémonie américaine ou multilatéralisme dans le cadre de l'ONU. Toutes les grandes questions internationales, tous les conflits diplomatiques, militaires, économiques témoignent de la persistance du fait national. L'État le plus puissant du monde – les États Unis d'Amérique – se conçoit comme une nation. Les États européens sont attachés à leurs intérêts nationaux, mais aussi à une perception des problèmes liée à leur propre histoire nationale. Loin d'entraîner l'affaiblissement des appartenances nationales, la construction européenne est freinée, voire compromise par la force de ces appartenances. Des remarques analogues valent à propos du fonctionnement de l'ONU, de la création de la Cour Pénale Internationale, de la façon dont les États-Unis, la Russie, et tous les autres États-nations se déterminent en fonction de leurs intérêts nationaux, mais aussi de la vision du monde circonscrite par leur propre culture.

Sur ces deux points, le schéma directeur de la théorie d'Habermas est erroné. Ce schéma directeur est un concept exclusif des rapports entre vie éthique et pratique politique. Concept exclusif ne signifie pas absence de rapport entre les deux, puisque les principes juridico-politiques sont interprétés dans le contexte d'une forme de vie particulière. Concept exclusif signifie que l'importance de l'une grandit à mesure que s'affaiblit celle de l'autre. Plus le lien social fondé sur une culture homogène est faible, plus le lien politique devra être fort. Plus l'affirmation d'identité est importante, plus le lien proprement politique est compromis. Mais en même temps, le lien entre vie éthique et pratique politique ne peut être rompu. Entre les deux, par conséquent, la relation doit être aussi étroite qu'extérieure. D'où les formules contournées d'Habermas, qui parle d'une « coloration éthique » des principes juridico-politiques et du patriotisme constitutionnel [1]. Au fond, il s'agit de maintenir deux affirmations difficilement conciliables : d'une part, l'intégration politique est en même temps une intégration éthique : « tout ordre juridique n'est pas seulement le reflet du contenu universel des droits fondamentaux, mais *aussi* l'expression d'une forme de vie particulière » [2]; d'autre part, « l'*intégration éthique* [...] doit être dissociée de l'*intégration politique* abstraite » [3]. Si l'on s'en tenait à la première formule, on pencherait du côté du modèle « républicain » tel que le comprend Habermas, modèle qui « considère l'État comme une communauté éthique » [4]. Aux yeux d'Habermas, cette thèse entraîne une confusion entre discussion éthique et discussion politique [5]; elle fait de la communauté des citoyens un « acteur collectif qui reflète la totalité et agit en son nom » [6]. Si l'on s'en tenait à la seconde affirmation, on pourrait revenir au modèle « libéral » pour lequel les citoyens sont des individus privés dont l'État est chargé de protéger les libertés et les intérêts. Dans le modèle républicain, d'après Habermas, la discussion vise « une entente éthique sur l'identité collective » [7]; dans le modèle libéral, elle vise un compromis

---

1. *L'Intégration républicaine*, *op. cit.*, par exemple, p. 222, 230, 232.
2. *Ibid.*, p. 221. « Aussi » est souligné par Habermas.
3. *Ibid.*, p. 229. Les deux expressions sont soulignées par Habermas.
4. *Ibid.*, p. 267.
5. *Ibid.*, p. 265.
6. *Ibid.*, p. 270.
7. *Ibid.*, p. 267.

conclu entre différents intérêts[1]. À l'encontre de la collectivité éthico-politique et de l'individualisme socio-économique, Habermas propose un modèle de politique délibérative fondé sur les rapports *intersubjectifs*. Mais, comme la distinction entre identité collective et intersubjectivité recoupe à ses yeux la distinction entre éthique et politique, il lui faut maintenir entre celles-ci un lien d'extériorité qui a pour effet de reproduire, au sein de sa propre théorie, l'antinomie dont nous sommes partis.

Par ailleurs, la situation historique présente conduit à tirer la conclusion suivante. Pour passer des appartenances nationales aux fédérations ou confédérations multinationales, voire à une communauté démocratique mondiale, une médiation est nécessaire. On peut intuitivement désigner cette médiation comme rapprochement des nations, comme convergence de leurs points de vue et de la façon dont elles définissent leurs intérêts. Dans ce contexte, il faut penser l'évolution et la transformation des *nations elles-mêmes*. Il faut penser l'universalisation de la tradition, c'est-à-dire les conditions d'une interprétation de chaque tradition qui fasse sens pour tout autre être humain, y compris pour ceux qui n'y appartiendront jamais. Dans cette perspective, on ne peut simplement opposer le particularisme des cultures à l'universalisme des principes juridico-politiques. La tension entre l'universel et le particulier est interne à chaque tradition, laquelle est ainsi provoquée à se transformer. L'adhésion aux principes et aux procédures démocratiques, le rapprochement et la convergence des points de vue relèvent d'une évolution conjointe de la culture et de la politique. Dès lors, il faut réviser l'opposition entre l'homogénéité culturelle et l'action politique intersubjective, entre l'affirmation des identités et l'adhésion aux principes de

---

1. *L'Intégration républicaine*, *op. cit.*, p. 267.

l'État constitutionnel. Cette opposition ne disparaît pas, mais elle doit être réinterprétée dans le cadre d'un concept inclusif qui fait de la politique un élément dans l'évolution et la transformation d'une culture.

Unité culturelle et revendications d'identité

Lorsqu'on parle de culture à propos des nations, le mot culture est employé au sens de civilisation. Il est artificiel de restreindre la culture à la langue, aux coutumes et aux croyances pour considérer la communication et les principes juridico-politiques comme une sphère à part. La politique fait partie de la culture, du système des mœurs comme des productions culturelles d'une communauté donnée. La discussion politique suppose la renonciation à l'usage de la violence. La pratique de l'argumentation s'appuie sur les ressources d'une langue commune, qui n'est pas simplement un idiome mais un ensemble de concepts historiquement constitués (république, laïcité, etc.). Elle mobilise toutes les ressources d'une culture : juridico-politiques, mais aussi linguistiques, historiques, esthétiques, etc. Elle suppose des valeurs spécifiques : l'égale dignité des individus appartenant à des couches sociales, des confessions, des sexes différents, mais aussi toute une série de dispositions éthiques. Par exemple, elle suppose l'aptitude à se laisser convaincre par des arguments. Une telle disposition ne peut se manifester dans la sphère publique si elle n'est aussi présente dans toute sorte de rapports constitutifs de l'éthique collective : dans l'exercice des responsabilités, dans les rapports entre hommes et femmes, entre partenaires de travail, etc. En un mot, le lien politique est un aspect de la culture au sens extensif du terme. La pratique de la discussion argumentée s'enracine dans la structure complète d'une société, dans l'ensemble d'une culture entendue comme système plus ou moins cohérent d'attitudes, de normes de comportement, de convictions et d'institutions. Cette culture n'est pas simplement un contexte pour l'interprétation des principes. C'est un système de rapports soumis à des processus de transformation. C'est pourquoi les progrès de la discussion politique dépendent d'une évolution de la culture considérée dans son ensemble. Ils relèvent d'un processus global de civilisation au sens dynamique du terme, qui renvoie à la réduction progressive de la violence dans les comportements et les rapports sociaux[1].

Cette perspective permet d'interpréter le « patriotisme constitutionnel » de manière à éviter l'alternative habituelle. Pour les uns, l'attachement aux principes juridico-politiques d'une constitution doit se substituer aux solidarités ethniques. Pour les autres, ces principes sont trop abstraits pour être suffisamment mobilisateurs ; il faut donc faire appel au sentiment de l'identité nationale. Or, la constitution est la clé de voûte du système d'institutions qui structure la communauté historique. Elle n'a pas de sens abstraction faite de ce système, qui correspond à l'état provisoire d'une éthique, d'une morale positive communes. Le patriotisme constitutionnel est donc inséparable de la participation à l'ensemble des institutions sociales, culturelles et politiques d'une communauté. La constitution a un rôle fonctionnel, qui tient à la cohérence des règles et des procédures. Elle a une signification éthique, puisque ces règles et ces procédures correspondent aux convictions morales de la communauté. Par conséquent, le patriotisme constitutionnel n'est pas l'attachement à un corps de principes abstraits, mais à la communauté même en tant qu'elle est organisée par ce corps de principes. C'est l'adhésion à la communauté dans la mesure – donc aussi dans la limite – où elle est organisée par des institutions raisonnables qui font une place à l'action sensée. La question est de savoir en quoi cet atta-

---

1. Par opposition, le sens statique désignerait le système des mœurs d'une société donnée, à un moment donné.

chement n'est ni simple adhésion intellectuelle, ni sentimentalisme national.

L'évolution des pratiques politiques dépend de l'évolution globale d'une culture, dont elle est également un indicateur ou un signe. En même temps, il n'y a pas de culture homogène au sens propre du terme. L'unité d'une culture est une unité intérieurement différenciée. Les traditions nationales sont composites, elles résultent d'un syncrétisme. Une culture commune n'est donc en rien la garantie d'un consensus, elle provoque au contraire la diversité des points de vue, sauf à limiter de façon autoritaire l'expression des opinions. Par conséquent, l'idée de fonder un consensus national durable sur une culture homogène est une vue de l'esprit. C'est un fantasme partagé par les nationalistes et par certains de leurs critiques. Il n'y a pas d'unanimité possible entre les membres d'une même nation, sauf sur un point précis et dans des circonstances particulières. La seule unanimité possible dans un régime démocratique, c'est l'accord sur la prohibition de la violence pour régler les différends. C'est la condition de tout processus politique de résolution des problèmes par la discussion publique. Quant aux circonstances, il s'agit des situations de conflit. Seules les situations de conflit militaire, diplomatique, idéologique permettent d'obtenir une unanimité provisoire, par réflexe de loyauté envers les dirigeants, les institutions et les « valeurs nationales ». Mais, à mesure que les conflits s'atténuent, l'hétérogénéité des points de vue réapparaît.

On peut parler d'unité différenciée de la communauté éthique, mais pas d'homogénéité culturelle. Cette homogénéité n'est pas liée à l'*essence* d'une communauté de culture, du moins pas dans le cas des nations modernes, mais à certaines *situations historiques*. La même remarque vaut pour l'affirmation d'une identité collective. La discussion politique porte à la fois sur un compromis d'intérêts et sur l'interprétation des principes éthiques de l'action. Mais, une chose est de s'entendre sur les principes directeurs de l'action, autre chose est de s'entendre sur la définition d'une identité collective.

Que faut-il donc entendre par affirmation d'identité? L'expression est d'une simplicité trompeuse. Elle recouvre des phénomènes multiples qu'il faut distinguer. Il faut distinguer notamment l'identité imposée et l'identité revendiquée. L'identité imposée, c'est le trait en fonction duquel une personne est victime d'une agression ou d'une discrimination. Il s'agit d'un trait collectif : on est victime d'un attentat en raison de sa nationalité, on subit une discrimination professionnelle en raison du groupe social, ethnique, confessionnel, etc. auquel on appartient. Cette identité imposée peut être en complet décalage avec la perception que l'individu a de lui-même. On peut être victime de la violence politique en tant que femme, musulman, européen, juif, etc. alors qu'on est essentiellement, à ses propres yeux, un professeur de grec, un militant écologiste, un ami.

L'identité revendiquée résulte souvent du retournement stratégique de l'identité imposée. C'est le cas des mouvements noirs aux États-Unis, de certaines formes de féminisme, etc. Mais ce n'est pas toujours le cas. La revendication d'identité recouvre ainsi des phénomènes divers. Elle correspond à différents types de désir : de sécurité, de reconnaissance, de sens, de puissance. Elle exprime un désir de sécurité quand l'individu est fragilisé par la précarité matérielle et la disparition des cadres traditionnels de l'existence. Dans ces conditions, l'appartenance à la nation est un remède contre l'isolement matériel et moral. Le déclin des solidarités communautaires locales, l'atomisation sociale, inclinent à chercher une forme de sécurité dans le sentiment d'appartenance à la nation, conçue comme une sorte de famille.

Autre chose est le désir de faire reconnaître la dignité d'une culture. S'agissant de l'individu, l'exigence de reconnaissance porte sur sa dignité d'être humain, sur sa valeur infinie en tant que sujet autonome. Cette reconnaissance prend différentes formes : reconnaissance juridique des libertés par la loi ; reconnaissance politique des individus comme citoyens actifs dans une démocratie ; reconnaissance sociale du travail fourni par l'individu, de la valeur du groupe professionnel auquel il appartient. S'agissant des « cultures », le problème se pose à la fois comme reconnaissance de « droits culturels » aux communautés constitutives d'une société multiculturelle, et comme reconnaissance d'une nation comme communauté de culture. Seul le deuxième point nous concerne ici. Mais dans les deux cas, le problème tient au fait que sa propre culture n'est pas un univers extérieur pour l'individu. C'est l'ensemble des pratiques, des représentations, des savoirs, des langages qu'il a assimilés en formant sa personnalité. Même s'il en donne une interprétation toute personnelle, même s'il entretient avec elle un rapport critique, cette culture fait partie de son histoire personnelle. Le respect ou le mépris de cette culture touchent à la possibilité qu'il a de s'estimer lui-même. C'est là une composante majeure des revendications nationales, notamment à l'égard de l'étranger. Chaque nation veut faire reconnaître sa culture comme une culture authentique dans tous les sens du terme : littérature, arts, mais aussi symboles et manière de vivre.

La revendication d'identité est aussi l'expression d'un désir de sens. Les modes de vie traditionnels, la religion, les traditions littéraires, la musique, etc. apparaissent comme un recours face au non-sens de la société moderne destructrice des solidarités traditionnelles, de l'environnement naturel, etc. Dès lors que cette société apparaît comme une société occidentale, européanisée, américanisée, la valorisation des traditions nationales est une réaction de fierté face à la domination d'une culture perçue à la fois comme envahissante, inauthentique ou corruptrice. Elle est aussi un moyen de donner sens à une existence qui, dans le monde de la technique et du travail modernes, apparaît comme insensée. La défense des traditions et des États qui s'en réclament correspond dès lors à une double révolte, à la fois morale et politique : une révolte contre l'absurdité morale du monde moderne ; une révolte contre les puissances qui incarnent les valeurs de la modernité et prétendent en même temps à la domination politique. C'est un aspect du succès des intégrismes religieux – de quelque religion qu'il s'agisse – et de la « haine de l'Occident ».

L'une des caractéristiques du nationalisme, c'est la mutation du désir de sécurité et de reconnaissance en désir de puissance. Chez l'homme fort, le leader, le *führer*, la puissance est une satisfaction en soi. Chez les individus ou les masses qui le suivent, la participation « symbolique » à la puissance de l'État est une compensation, un *ersatz* de reconnaissance. À la reconnaissance de l'individu comme citoyen autonome et responsable, qui est le principe des États constitutionnels, se substitue la participation fantasmée à la puissance de la nation, à la crainte qu'elle inspire aux autres nations, aux nationalités ou aux minorités assujetties. La participation imaginaire à la grandeur de la nation est la jouissance d'une dignité de substitution. Elle sert aussi de compensation à l'absence de reconnaissance sociale, soit pour les couches supérieures menacées de déclin, soit pour les couches dont les chances de progrès social sont effacées par une économie en déroute. Dans ce cas, le désir de reconnaissance, au lieu de se tourner vers la revendication ou l'extension de droits civiques, politiques, sociaux, prend la forme d'un désir de l'homme fort, du leader charismatique. Parce qu'il est susceptible de toute sorte de manipulations politiques, le désir de reconnaissance peut ainsi conduire à la servitude volontaire.

Le nationalisme satisfait par l'illusion de la grandeur un désir de dignité que les chefs ne reconnaissent que pour l'utiliser à leur profit. Cette illusion cristallise autour de symboles qui n'ont pas forcément un rapport direct avec la « substance éthique » de la communauté, quoique le fétichisme national puisse finir par altérer cette substance. Ce mécanisme est entretenu par les situations de conflit qui provoquent un réflexe de ralliement derrière les chefs. Afin de prolonger les effets de ce réflexe patriotique, les dirigeants nationalistes doivent insister sur les menaces pesant sur la nation, sur les agressions réelles ou fictives dont elle est victime. Il est ainsi possible de faire taire provisoirement les voix discordantes, soit par la répression, soit par l'opprobre qui guette les « mauvais patriotes ». Mais la diversité des opinions se manifeste dès que l'intensité des conflits diminue. Par conséquent, le nationalisme doit entretenir un climat de conflit permanent, dans lequel la défense d'une identité nationale devient le but essentiel. Il développe alors ses traits caractéristiques : à l'égard des citoyens, l'exigence d'une loyauté inconditionnelle envers la nation ; l'idée que cette loyauté doit l'emporter sur toutes les autres appartenances, qu'elle ne doit reconnaître aucun principe supérieur comme, par exemple, le respect des droits de l'homme ; à l'égard des étrangers, la volonté d'imposer la prédominance d'une culture. À l'intérieur, le nationalisme conduit au contrôle idéologique, à la restriction des libertés, à l'expulsion ou à la liquidation des minorités ; à l'extérieur, il débouche sur l'annexion des « terres irrédentistes », sur toutes les formes d'hégémonie : culturelle, économique, politique.

Pour traiter le problème posé par les revendications d'identité, il faut donc être prudent. Il faut savoir interpréter la situation particulière et saisir ce que ces revendications signifient. Il faut s'opposer fermement à la politique de puissance comme à la rhétorique de la grandeur, qu'il s'agisse d'autres nations ou de la sienne propre. Il faut comprendre les aspirations à la sécurité et satisfaire les exigences légitimes de reconnaissance. Il faut préserver la liberté de vivre dans l'horizon d'un sens concret. Dans ce cas, comme dans tous les autres, la politique est affaire de jugement pratique, de *phronesis*. Le dogmatisme moralisant est dévastateur, au propre comme au figuré. En un mot, il faut à la fois comprendre et relativiser le type de désir qui s'exprime ainsi.

Pourquoi relativiser ? Parce qu'en tout état de cause, l'identité est une sorte de *chose en soi* dont on ne peut faire le but ultime de l'action. Ce ne peut être qu'un but partiel et momentané, notamment dans les situations d'agression ou de discrimination. On a déjà relevé le décalage entre le plan des pratiques et celui des symboles, entre les dispositions éthiques et les emblèmes identitaires. Les attitudes, les pratiques et les convictions les plus fermement enracinées relèvent de l'évidence vécue. Elles échappent en grande partie à l'explicitation, à la prise de conscience. Elles forment le monde vécu auquel l'individu adhère sans distance, à l'intérieur duquel il se sent d'emblée orienté. De ce fait, la particularité de son propre monde lui échappe en grande partie. Son monde ne lui apparaît pas comme *un* monde, mais comme *le* monde. Les pratiques, les convictions, les institutions lui paraissent naturels dans la mesure où ils vont de soi. Ce qu'ils ont de singulier lui échappe. Si l'on entend par identité les traits originaux que l'individu tient du milieu familial, social, culturel, régional, national dans lequel il a été éduqué, l'individu ignore en grande partie ce qui fait sa propre identité. Il a conscience des traits constitutifs de son mode de vie lorsqu'ils sont remis en question, lorsqu'il ne peut plus vivre comme il l'a toujours fait. Cela peut être dû à toute sorte de choses : à l'invasion étrangère, à l'évolution des techniques, aux mutations économiques, etc. Pour le reste, c'est souvent l'étranger qui voit le mieux comment vivent les nationaux, parce qu'il le voit de l'extérieur. Mais cela même est discutable, car la perception qu'a l'étranger des nationaux est filtrée par ses propres préjugés. L'identité, qu'elle soit personnelle, sociale ou nationale, n'est pas un ensemble de traits objectifs qu'on pourrait définir, ni même signifier par la continuité d'un récit. Car la signification des histoires nationales renvoie toujours à des concepts éthiques universels, par conséquent trop larges pour exprimer l'identité d'une seule nation. C'est toujours l'histoire du courage, de la liberté, de la résistance à l'oppression, de la défaite provoquée par la désunion, etc. L'identité nationale est donc, au sens strict, indéfinissable. Elle n'existe que dans le décalage entre l'évidence muette et la représentation partielle. C'est pourquoi l'accord sur la signification des principes éthiques réalise une unité d'action qui n'est pas du même ordre qu'une affirmation d'identité.

Solidarité et loyauté. Le lien pratique

Comment répondre à la question des rapports entre nation et démocratie ? Prendre position pour la nation ou contre la nation n'a pas de sens, cela relève plutôt du positionnement idéologique. Dès lors qu'on pose la question de l'évolution des nations, de la transformation de leurs rapports externes et internes, il est plus intéressant d'examiner les différentes modalités du rapport à la nation. Nous avons déjà mentionné le patriotisme constitutionnel, qui est l'adhésion à l'organisation sociale et politique d'une communauté historique dans la mesure où elle fait sens. Il faut également distinguer entre solidarité et loyauté comme modalités du rapport à la nation. Cette distinction permet de récapituler les acquis des analyses précédentes, notamment de la double différence entre le plan des pratiques et celui des identifications symboliques, entre communauté éthique et fantasme de puissance.

Solidarité et loyauté sont deux modalités du rapport à la communauté historique, selon qu'elle est envisagée soit comme totalité « distributive », soit comme totalité « collective ». La totalité distributive est formée par tous les membres de la communauté, au sens où « chacun » d'entre eux y participe. Ce n'est pas une réalité séparée des individus ou des groupes qui la composent. C'est la communauté de tous les « chacun ». C'est la communauté des citoyens organisée en institutions qui lui permettent d'agir. Cette communauté est une nation au sens où elle assume l'héritage des générations précédentes et se préoccupe des générations suivantes. Elle n'agit pas seulement en son nom propre, mais également au nom de ces générations. La totalité collective, en revanche, est l'entité constituée par l'unité de cette communauté. C'est la communauté considérée, non comme diversité structurée, mais simplement comme unité. Ce n'est pas la communauté formée par *tous*, c'est *le tout* de la communauté. Naturellement, il s'agit là d'une simple distinction logique. Les deux aspects sont liés, ils représentent deux points de vue sur la même réalité. Mais si, par un processus d'abstraction, on sépare l'unité de la diversité qu'elle unifie, on obtient la nation comme hypostase. C'est la nation comme unité indifférenciée, une quasi-personne dont l'existence historique transcende les individus comme les générations.

Ces deux points de vue donnent lieu à des rapports distincts à la nation. La nation comme communauté des « chacun » implique un principe de solidarité. Cette solidarité est fondée sur l'aptitude à s'identifier à autrui. C'est l'attitude requise pour l'entraide – la solidarité nationale – mais aussi pour l'action en commun reposant sur la discussion. Pour participer à l'élaboration de la loi, au gouvernement des affaires, le citoyen doit généraliser ses vues. Il ne le peut qu'en se mettant à la place de tout autre. Cette solidarité se prolonge en amont, rétrospectivement, comme solidarité avec les générations précédentes. Elle se prolonge en aval, par anticipation de l'avenir, comme solidarité avec les générations suivantes. C'est une forme de responsabilité qui fonde le lien national sur l'action en commun : action commune des citoyens dans le présent ; souci de ne pas laisser inachevée l'action engagée par les générations précédentes ; souci de laisser aux générations suivantes des conditions de vie décentes, qui sont aussi les conditions de leur action future.

La nation comme entité collective, en revanche, implique un certain rapport de l'individu au tout. Autant qu'un principe de solidarité avec tous les autres, elle implique un principe de loyauté à l'égard de ce tout. La solidarité suppose une capacité d'identification à autrui; la loyauté impose à l'individu les sacrifices nécessaires à la sauvegarde de la communauté. C'est le patriotisme, au sens où l'entend Rousseau, à savoir la capacité de surmonter les particularités et les intérêts individuels, en vue de cet universel relatif qu'est la collectivité[1]. La solidarité implique une certaine forme d'égalité. La loyauté à l'égard de la nation personnifiée est compatible avec toute sorte d'inégalités sociales et politiques. Le cas échéant, elle permet de détourner la révolte ou le mécontentement intérieurs soit vers l'étranger, soit vers les minorités.

Logiquement, diversité et unité sont liés. Politiquement, solidarité et loyauté le sont également, mais combinés différemment en fonction des situations. La solidarité concerne plutôt la politique intérieure, la loyauté concerne plutôt la politique extérieure. L'esprit de corps s'impose en cas de conflit, mais aussi dans les situations de compétition ou de rivalité internationales. La solidarité entre les citoyens garantit les libertés individuelles. Dès lors que tous sont égaux devant la loi, chacun sait qu'une atteinte aux droits d'autrui remet les siens en cause; il ne peut défendre ses propres droits qu'en luttant pour ceux des autres. La loyauté à l'égard du tout, en revanche, exige la restriction des libertés individuelles dans certaines circonstances. En cas de guerre, toute sorte de droits peuvent être suspendus en raison des impératifs de la défense nationale : la liberté de mouvement, le droit à la propriété, la liberté de la presse, etc. Les conflits militaires sont des

---

1. Solidarité et loyauté recoupent deux formes du rapport à la communauté politique qu'on trouve chez Rousseau, notamment dans le *Contrat social*. La solidarité caractériserait plutôt le lien qu'Émile entretient avec son pays (cf. *Émile*, livre V), la loyauté le patriotisme préconisé dans les *Considérations sur le gouvernement de Pologne*.

situations extrêmes, mais d'une part, ils ne sont pas si rares, et d'autre part, ils révèlent des phénomènes analogues dans des situations moins dramatiques, comme les conflits économiques ou diplomatiques, ou les situations plus ordinaires de rivalité ou de compétition entre les nations. Dans ce cas, l'exigence de loyauté se manifeste sous la forme d'une pression sociale. Elle prend aussi la forme d'une autocensure plus ou moins consciente des individus, d'une inhibition des opinions qui pourraient nuire à « l'image de la nation » ou qui feraient la part trop belle aux critiques de l'adversaire. Dès lors, le processus de discussion est infléchi par les restrictions pesant sur la liberté de jugement, les plus efficaces n'étant pas celles de la censure officielle, mais celles que l'individu s'impose à lui-même sous la pression de la situation.

On a donc affaire à deux attitudes étroitement liées, mais distinctes, qui peuvent conduire à des conséquences opposées. La logique de la solidarité conduit au cosmopolitisme. La logique de la loyauté peut conduire au nationalisme. L'identification à autrui sur laquelle repose la solidarité est une identification imaginaire, puisque l'immense majorité des membres d'une même nation ne se rencontreront jamais. Mais de ce fait, il n'y a aucune raison qu'elle s'arrête aux frontières de la nation. La solidarité avec les compatriotes confrontés à une catastrophe naturelle ne change pas de nature lorsqu'elle s'étend aux habitants d'autres pays confrontés à des catastrophes identiques. De ce point de vue, il n'y a pas de solution de continuité entre la solidarité nationale et la solidarité internationale. Les deux reposent sur l'identification avec le semblable. Car le semblable ne se limite pas au « ressemblant », il devient par extension toute autre personne partageant la même condition humaine. Les barrières culturelles existent, mais elles ne sont pas infranchissables. En revanche, la loyauté à l'égard de la totalité historique est un principe, non pas de différenciation, mais de cristallisation des différences. C'est la logique du sentiment national qui joue dans les situations

ordinaires de compétition économique, culturelle, diplomatique, etc. Elle n'implique pas nécessairement le nationalisme
violent, elle rétablit néanmoins les frontières que les solidarités
pourraient effacer. Alors que l'ultime conséquence de la solidarité est le cosmopolitisme, la loyauté poussée à l'extrême fait
du semblable un adversaire ou un ennemi.

Solidarité et loyauté sont toujours liées. Mais ce qui décide
de l'accent mis sur l'une ou l'autre, c'est l'intensité des
conflits. Quand les conflits s'atténuent, les citoyens peuvent
vivre en individus. Ils ne cessent pas pour autant d'appartenir à
une culture. Mais la compréhension réciproque, la communication interculturelle est possible, notamment pour traiter
les problèmes qui relèvent de la coopération internationale.
Les frontières existent mais, à l'image des frontières internes
à l'espace Schengen, on les franchit sans contrôle. L'attachement à la culture d'une communauté historique, depuis sa
langue jusqu'à ses principes constitutionnels, relève alors de la
pratique. On est attaché à la langue qu'on parle parce qu'on la
parle, aux savoirs qu'on pratique parce qu'on les pratique, de
même pour toutes les formes de la vie sociale et politique. Il ne
s'agit pas d'adhésion intellectuelle abstraite, pas d'avantage
de sentimentalisme national. L'attachement à ces pratiques
relève du goût et du plaisir, au sens où Aristote dit que le plaisir
est la perfection de l'acte. Il signale que l'univers structuré par
ces pratiques est un univers sensé. Dans la mesure où il n'est
pas seulement attachement aux institutions, mais surtout aux
pratiques qu'elles organisent, le patriotisme constitutionnel
est à situer de ce côté.

En revanche, plus les crises et les conflits sont violents,
plus ils mettent en question l'existence, le rang international,
la dignité de la nation. Ils mettent en cause la liberté de la
communauté historique, sa capacité à décider par elle-même
de l'action collective, le sentiment qu'elle a de sa propre
valeur. Dès lors, la cristallisation symbolique prend le pas sur
la spontanéité des pratiques. Tous les aspects de la vie sociale,

culturelle, politique de la communauté nationale peuvent devenir des points de confrontation et des emblèmes d'identité : sa littérature, son cinéma, ses réalisations techniques, la qualité de son administration, sa constitution même. Tous ces points peuvent faire l'objet d'une cristallisation identitaire. C'est ainsi que le patriotisme constitutionnel se transforme en nationalisme constitutionnel. Car il existe un *Verfassungs-nationalismus* aussi bien qu'un *Verfassungspatriotismus*. Le nationalisme constitutionnel est lié à la conviction que la constitution d'un État-nation donné est la forme accomplie de l'État, républicain ou démocratique. Dans cette perspective, les autres types d'organisation politique ont plus ou moins de valeur selon qu'ils se rapprochent ou s'éloignent du modèle incarné dans une nation particulière, investie par là même d'une « mission » historique et d'une signification exemplaire. En un mot, un principe constitutionnel peut jouer le rôle d'emblème identitaire au même titre qu'une langue ou une religion.

La possibilité de l'action intersubjective dépend de l'intensité des conflits militaires, diplomatiques, économiques, culturels, etc. dans lesquelles les nations sont engagées. Quand ces conflits sont atténués, quand ils sont sûrs des bases politiques, morales, culturelles de leur existence, les individus peuvent agir et parler en individus. Leurs communes appartenances culturelles passent à l'arrière-plan de leur propre conscience, parce que ces appartenances ne sont pas mises en question. Sur ce fond d'arrière-plan se dégagent, dès lors, les relations individuelles intersubjectives. En revanche, quand la compétition s'accentue, quand les rivalités se tendent, quand les conflits se déclenchent, les individus réagissent en tant que membres d'une nation, surtout s'ils sont agressés, incriminés ou méprisés en raison de cette appartenance. Cela explique que les mêmes personnes passent de l'individualisme au nationalisme en fonction des situations. Elles vivent et agissent en individus tant que leur monde social, culturel, n'est pas mis en cause. Il en résulte un nationalisme inconscient, mais pas innocent : on vit dans l'évidence de la supériorité de son propre monde, de sa propre culture, de ses propres institutions politiques, de sorte qu'on n'a pas à y revenir, à les revendiquer. Ce sont les différences individuelles et les relations inter-personnelles qui apparaissent au premier plan. Le nationa-lisme est la maladie des autres : des primitifs, des attardés, des ethnies. On réactive ainsi à son propre profit le vieux schéma – colonial, notamment – du barbare et du civilisé. Et puis tout change quand le monde dont on était si sûr est mis en cause. La langue, la culture nationales sont en repli devant une autre langue, une autre culture qui s'imposent à l'échelle mondiale. Les institutions sociales et politiques sont confrontées à des problèmes d'adaptation, soit aux flux migratoires, soit aux contraintes de la coopération internationale. L'hyper-puissance tutélaire ne se contente plus d'assurer la sécurité, elle devient exigeante et impériale. Dès lors, on brandit à son tour le drapeau et l'on défend, en toute bonne conscience, une langue, un modèle social, des symboles politiques *nationaux*.

Ce sont la nature et l'intensité des conflits qui décident de l'accent mis sur la solidarité ou sur la loyauté, sur les relations interindividuelles ou sur l'identification symbolique au tout. Toutefois, il ne faut pas en tirer de conclusions simplistes. Il n'y a pas, d'un côté, la bonne solidarité des pratiques, et de l'autre, la mauvaise loyauté à l'égard du tout. L'agression et la discrimination imposent un réflexe de loyauté à l'égard de la collectivité, faute de quoi on entre dans la logique de la collaboration – active ou passive – avec l'agresseur. Celui qui est massacré, violé ou torturé en tant que juif ou musulman se défend en tant que juif ou musulman, même si la religion ne joue aucun rôle dans sa vie personnelle. L'individu est saisi par le conflit en raison d'une identité collective ; il n'a d'autre choix que de résister ou de se soumettre au nom de cette identité. Dans ce cas, la défense de l'identité est la forme concrète d'une exigence de liberté, elle exprime la revendication d'un droit fondamental à vivre dans la sécurité et la dignité. Là encore il faut savoir distinguer : entre le désir de puissance et l'exigence de liberté, entre la régression identitaire et l'effort en vue d'une vie sensée. La vraie question est de savoir si le combat s'arrête à la défense de cette particularité ou s'il s'agit d'un moment dans la visée de l'universel – s'il s'agit, par exemple, d'affirmer le droit exclusif d'une religion ou le droit à l'existence de toutes les confessions.

CONCLUSION

À la question des rapports entre nation et démocratie, on ne peut faire qu'une réponse au cas par cas. La nation n'est pas démocratique ou antidémocratique par essence. Tout dépend des conflits dans lesquels elle est prise, de la manière dont elle interprète la situation présente, de la signification qu'elle donne rétrospectivement à son histoire, de la façon dont elle anticipe l'avenir. La nation a deux visages qu'elle peut prendre tour à tour en fonction des crises qu'elle traverse, des décisions qu'elle prend et des dirigeants qu'elle se donne. D'un côté, c'est une communauté historique dans laquelle les individus trouvent une possibilité d'action sensée. Ils sont liés à cette communauté par l'action même, non seulement par la participation politique, mais d'une manière générale par la *praxis*, par la délibération et la décision en commun requises dans tous les secteurs de la vie sociale, privée ou publique. À la nation dans son ensemble, ils sont liés par l'idée qu'ils s'en font. Mais ils s'en font une « idée régulatrice ». Dans la mesure où son organisation sociale et politique est conforme au droit et à la justice, ils ont de leur nation une idée positive. Cette idée positive est une forme d'*idéalisation* ; mais cette idéalisation sert de révélateur pour tout ce que la nation comporte, en même temps, de négatif et de déficient. L'idée sert à la fois de principe et de motivation à l'action, en vue d'un progrès à la fois social et politique.

D'un autre côté, la nation peut se transformer en hypostase, en une réalité transcendante par rapport à la société/communauté effective. Cette hypostase peut susciter l'enthousiasme et le dévouement en vue de préserver la liberté commune. Mais elle suscite également le meurtre des autres et le sacrifice de soi-même, pour le compte de projets aussi stupides que moralement inadmissibles. L'unité de cette communauté peut être figurée par des emblèmes vides de sens, ou liés à des significations archaïques et régressives. La nation peut se présenter à l'individu comme une quasi personne dont les volontés, interprétées par des chefs charismatiques, lui imposent sa ligne de conduite. Par une sorte de perversion du sentiment du devoir, l'individu peut consentir un sacrifice complet de sa personne, y compris de sa dignité d'être raisonnable. Dans ce cas, le lien à la communauté n'est plus un lien de raison et d'action; la passivité politique s'allie à la passion nationaliste, à l'illusion d'avoir part à la puissance du tout.

S'agissant des nations comme des relations entre les nations, le développement des pratiques démocratiques est lié à deux conditions parmi beaucoup d'autres : la résolution effective des conflits et l'interprétation des traditions dans le sens d'une plus grande universalité. D'un côté, les conflits militaires, économiques, diplomatiques, etc., réactivent le vieux clivage de l'ami et de l'ennemi. Dans ce cas, la liberté de parole peut être restreinte de multiples manières, y compris sous la forme d'une autocensure plus ou moins consciente, de l'évitement des sujets tabous, d'une résistance à la prise de conscience de ce qui, dans la manière d'agir et les représentations de sa propre nation, relève de la violence et du non-sens. C'est pourquoi le développement de la démocratie dépend d'un ordre international garantissant la sécurité des nations et des nationalités, des groupes et des communautés par la prohibition effective de la violence. D'où la problématique de l'époque présente : cette prohibition de la violence est-elle possible ? Si oui, sous quelle forme ? Celle d'un gouvernement mondial ? De l'hégémonie exercée par une hyperpuissance ? Du retour au schéma classique de l'équilibre des puissances ?

Quant à l'universalisation de la tradition – si l'on peut répondre ainsi à la formule de Hobsbawm et Ranger –, elle est liée au renouvellement des interprétations. Dans les relations extérieures, elle correspond à l'élaboration d'interprétations qui donnent à une tradition morale, politique, religieuse, un sens acceptable pour tout être humain, notamment pour tous ceux qui ne feront jamais le choix d'y adhérer. Sur le plan des relations internationales, c'est l'une des conditions pour une véritable action commune, puisqu'elle établit la possibilité de s'entendre avant même de discuter. À l'inverse, les gens qui perçoivent leurs traditions respectives comme une source permanente de violence ou d'absurdité ne peuvent pas s'entendre. Au sein d'une même nation, l'universalisation de la tradition équivaut à une égalité mieux reconnue aux individus, aux différents groupes sociaux, aux diverses communautés d'origine, de condition ou de confession. En s'ouvrant à ces différences internes, l'héritage d'attitudes et de représentations morales d'une communauté historique s'élargit de manière à faire sens pour tous ses groupes constitutifs, y compris pour les nouveaux venus et les nouvelles générations. Cette universalisation passe par une distinction toujours retravaillée entre l'essentiel et l'indifférent, entre le public et le privé. L'essentiel est supposé admis par tous, mais il est ouvert à la diversité des interprétations. L'indifférent est laissé à l'arbitraire des goûts et des choix individuels. L'éthique qui régit les rapports sociaux est une morale publique. Les raisons de souscrire aux normes de cette éthique collective sont privées. Le cas échéant, ces raisons renvoient aux convictions philosophiques ou religieuses propres à des communautés d'opinion ou de confession. Dès lors que leurs convictions donnent un sens et une légitimité aux normes éthiques de la vie commune, ces communautés d'opinion ou de confession, quelles que soient par ailleurs leurs différences, ont trouvé leur place dans une tradition qu'elles contribuent à renouveler.

TEXTES ET COMMENTAIRES

TEXTE 1

J. G. Fichte :
Universalisme de la liberté [1]

Ainsi la question générale de savoir si l'homme est libre ou non ne trouve aucune réponse générale. Car, précisément parce que l'homme est libre au sens inférieur du terme, parce qu'il commence dans un vacillement et une fluctuation indécise, il peut être libre ou non en un sens plus élevé. En réalité, la manière dont quelqu'un répond à cette question est le clair miroir de son véritable être intérieur. Celui qui, en fait, n'est rien de plus qu'un maillon dans la chaîne des phénomènes, celui-là peut bien se figurer un moment qu'il est libre, mais cette illusion ne résiste pas à une réflexion plus stricte de sa part; et il pense nécessairement son espèce tout entière telle qu'il se trouve lui-même. Par contre, celui dont la vie est saisie à partir de la vie véritable et dont la vie provient immédia-

1. Fichte, *Reden an die deutsche Nation, Siebente Rede*, dans *Johann Gottlieb Fichtes sämmtliche Werke*, Hrsg. von I. H. Fichte, Berlin, Veit & Comp., 1845-1846, Band VII, p. 372-375; trad. fr. Patrice Canivez.

tement de Dieu, celui-là est libre et croit à la liberté, en lui et dans les autres.

Celui qui croit à un être fixe, permanent et mort, y croit seulement parce qu'en lui-même il est mort ; et, une fois mort, il ne peut plus avoir d'autre croyance dès qu'il parvient à la clarté en lui-même. Lui-même et toute son espèce deviennent pour lui, du début jusqu'à la fin, une réalité seconde et une suite nécessaire d'un quelconque premier maillon qui doit être présupposé. Cet être présupposé est son sens effectif et vrai, en aucune manière une simple conception de la pensée ; c'est le point où sa pensée est elle-même immédiatement vie. C'est donc la source de toutes ses pensées et jugements ultérieurs sur son espèce, considérée dans son passé, l'histoire, dans son avenir, les attentes à son égard, et dans son présent, la vie réelle en lui-même et dans les autres.

Cette croyance à la mort, par opposition à un peuple originellement vivant, nous l'avons appelée fascination pour l'étranger. Cette mode de l'étranger, une fois introduite parmi les Allemands, se montrera aussi dans leur vie réelle, comme soumission tranquille à la nécessité désormais immuable de leur être, comme renoncement à toute amélioration de notre moi ou de celui des autres par la liberté, comme propension à utiliser soi-même et tous les autres tels qu'ils sont, et à tirer pour nous-mêmes le plus grand avantage possible de leur être ; en bref, dans l'aveu, qui se reflète constamment dans tous les mouvements de la vie, d'une croyance en la disposition générale et régulière de tous au péché – trait que j'ai suffisamment dépeint ailleurs, et dont je vous laisse relire la description pour juger à quel point elle convient à l'époque présente. Cette manière de penser et d'agir provient de la mort intérieure, comme nous l'avons souvent rappelé, par cela seul qu'elle parvient à la clarté à son propre sujet. Par contre, tant qu'elle reste dans l'obscurité, elle conserve la croyance à la liberté qui en elle-même est vraie et ne devient illusion que dans l'application à son être présent. Le désavantage de la clarté apparaît ici nettement avec ce qui est intérieurement mauvais. Tant que ce mauvais reste obscur, il est continuellement inquiété, aiguillonné, poussé par l'exigence continuelle de liberté et offre un point d'attaque aux tentatives de l'améliorer. Mais la clarté l'achève et l'accommode intérieurement à lui-même. Elle lui ajoute la capitulation joyeuse, la tranquillité d'une bonne conscience, le contentement de soi. Il leur arrive qu'ils sont désormais en réalité, comme ils le croient, impossibles à améliorer, utiles à rien dans le monde, tout au plus à maintenir vivante chez les meilleurs la répulsion impitoyable à l'égard du mal, ou la soumission à la volonté de Dieu.

Ainsi apparaît dans sa parfaite clarté ce que nous avons entendu par Allemand dans notre description précédente. Le fondement propre de la différence tient en ceci : ou bien l'on croit à un principe premier et originel absolu dans l'homme lui-même, à la liberté, à une infinie capacité de s'améliorer, à un progrès éternel de notre espèce, ou bien l'on ne croit pas à tout ceci, et l'on pense bien reconnaître et saisir nettement que c'est le contraire de tout cela qui se produit. Tous ceux qui vivent eux-mêmes en créant et en produisant du nouveau, ou qui, au cas où cela ne leur serait pas donné, laissent au moins résolument tomber ce qui est sans valeur et restent là, attentifs au cas où le flot de la vie originaire viendrait quelque part les saisir, ou bien ceux qui, au cas où ils ne seraient pas aussi avancés, ont au moins un pressentiment de la liberté et ne la détestent pas, ou ne s'en effraient pas, mais l'aiment : tous ceux là sont des êtres humains originaires. Quand on les considère comme un peuple, ils sont un peuple originaire, ils sont tout simplement le peuple, des Allemands. Tous ceux qui se résignent à être quelque chose de second, de dérivé, qui se connaissent et se conçoivent clairement de cette manière, le sont en effet et le deviennent toujours davantage du fait de cette conviction qu'ils ont d'être un appendice de la vie, laquelle se tient devant eux, ou à côté d'eux, se meut de sa propre impulsion, comme l'écho renvoyé par la roche d'une

voix qui s'est tue. Considérés comme peuple, ils sont extérieurs
au peuple originaire ; pour celui-ci, ce sont des inconnus et des
étrangers. Dans la nation qui, jusqu'à ce jour, s'est considérée
comme le peuple tout simplement ou comme allemande,
quelque chose d'originaire est venu au jour dans les temps
modernes, au moins jusqu'à présent, et une force de création
du nouveau s'est manifestée. À présent est enfin présenté à
cette nation, par une philosophie clarifiée en elle-même, le
miroir dans lequel elle est invitée à reconnaître, au moyen d'un
concept clair, ce qu'elle fut jusqu'à présent par nature, sans
conscience nette, et ce à quoi elle est destinée par cette nature
même. Et il lui est proposé, d'après ce concept clair et selon
un art plus libre et plus réfléchi, de faire d'elle-même parfaite-
ment et totalement ce qu'elle doit être, de renouveler l'alliance
et de boucler son cercle. Le principe d'après lequel elle doit le
clore est pour elle établi. Celui qui croit à la spiritualité et à la
liberté de cette spiritualité, et veut le perfectionnement éternel
de cette spiritualité par la liberté, celui-là, où qu'il soit né et
dans quelque langue qu'il parle, est de notre espèce, il nous
appartient et il se joindra à nous. Celui qui croit à l'immobilité,
à la régression, à la ronde sur place, ou même qui installe une
nature sans vie à la barre du gouvernement du monde, celui-là,
où qu'il soit né et quelle que soit la langue qu'il parle, n'est pas
allemand. C'est un étranger pour nous, et il faut souhaiter
qu'au plus tôt il se sépare complètement de nous.

COMMENTAIRE

Les *Discours à la nation allemande* sont souvent critiqués pour leur nationalisme. Mais ils ne sont guère lus. D'où l'intérêt de ce passage, qui met en évidence une conception universaliste et morale de la nation. Pour pouvoir interpréter et discuter cet extrait, il faut d'abord reconstruire l'argument des *Discours*, au moins dans ses grandes lignes. Quant à la place des *Discours à la nation allemande* dans la philosophie politique de Fichte, elle mériterait une analyse spécifique. Mais on peut se reporter sur ce point aux études existantes [1].

Les *Discours à la nation allemande* datent de l'hiver 1807-1808. La Prusse a été battue par Napoléon à la bataille d'Iéna. L'Allemagne est occupée par les troupes françaises. Dans ces circonstances, la question qui se pose est : comment préserver l'originalité de la nation allemande ? Comment lui éviter de se dissoudre dans un empire étranger ? Ces questions

---

1. Cf. la présentation d'Alain Renaut à sa traduction des *Discours à la nation allemande*, Paris, Imprimerie nationale, 1992, p. 7-44. Tous les renvois autres qu'à l'extrait proposé se réfèrent à cette édition. Voir aussi la présentation de Luc Ferry et Alain Renaut dans Fichte, *Machiavel et autres écrits philosophiques et politiques de 1806-1807*, Paris, Payot, 1981, p. 9-35.

ne concernent pas seulement l'Allemagne. D'emblée, Fichte donne une signification historique à la situation. Il la situe dans le cadre de sa philosophie de l'histoire, qui conçoit le développement de l'humanité comme la réalisation consciente de la raison. Dans une série de conférences sur les traits caractéristiques du temps présent, prononcées en 1804-1805[1], Fichte avait distingué les cinq époques de cette histoire : une époque initiale où la raison gouverne l'espèce humaine sous la forme d'un instinct rationnel ; une époque où cet instinct s'efface, de sorte que la raison est imposée par la contrainte extérieure ; une époque médiane, où la raison sous ces deux premières formes est rejetée, cédant la place à l'égoïsme individualiste ; une époque où la raison est reconquise sous forme de savoir rationnel ; enfin, une époque où ce savoir est mis en œuvre par un art rationnel. Les conférences de 1804-1805 étaient fondées sur le « soupçon » que l'époque présente correspond à la troisième époque, celle de l'égoïsme individualiste.

Cette époque, du moins en Allemagne, est arrivée à son terme avec l'autodestruction de l'égoïsme. En effet, l'individualisme égocentrique a dissout tous les liens qui faisaient l'unité de la nation. Les citoyens ne pensent qu'à eux-mêmes ; les couches dirigeantes pactisent avec le vainqueur pour sauver leurs places et leurs privilèges. L'intérêt particulier amène les uns et les autres à se mettre au service de la puissance occupante. C'est elle qui pourra désormais diriger les volontés en inspirant la crainte tout en récompensant la soumission. Si l'Allemagne ne doit pas être engloutie dans l'empire français – qui n'est jamais désigné comme tel, mais seulement sous le vocable « l'Étranger » – c'est en rompant avec le principe du calcul intéressé. Puisque les motivations sensibles jouent désormais en faveur du vainqueur,

---

1. Cf. *Le Caractère de l'époque actuelle*, trad. fr. Ives Radrizzani, Paris, Vrin, 1990.

l'Allemagne ne retrouvera son indépendance qu'en commençant par la conquête de l'autonomie morale. De ce fait, l'Allemagne en se relevant indiquera la voie à l'humanité tout entière. Elle doit accomplir une mission universelle en préservant l'idée de la liberté et de la vie de l'esprit. Il s'agit pour elle d'engager l'humanité dans une nouvelle époque de son histoire, une histoire dont le sens est la réalisation de la raison.

Mais en quoi l'Allemagne est-elle particulièrement destinée à cette mission ? Elle a une tradition de liberté, notamment une tradition *politique*. La tradition allemande, c'est une « république des peuples » – le Saint Empire – soumis à un pouvoir limité, avec pour caractéristique un essor précoce de la civilisation urbaine [1]. Cette tradition républicaine s'oppose aux tendances monarchiques qui caractérisent l'Étranger. En témoigne le projet (napoléonien) de monarchie universelle qui, en cas de succès, ferait régresser l'humanité vers la servitude. L'identité de l'Allemagne se confond avec une vocation à la régénération morale, au progrès de la civilisation. La victoire de l'Étranger, en revanche, est le premier pas d'un retour possible à la barbarie la plus complète. Par ailleurs, Fichte ne pourrait affirmer sans contradiction que la *nature* du peuple allemand le prédestine à la *liberté* morale. En conséquence, la différence entre l'Allemand et l'Étranger ne relève ni d'un caractère formé par les influences climatiques et la géographie, ni de la pureté de la race, ni même des propriétés intrinsèques de la langue allemande. En effet, les Allemands sont comme tous les autres un peuple mélangé. Quant à la langue, il est vrai qu'elle a sa propre loi de développement. Mais la supériorité de la langue allemande tient moins à sa nature qu'aux conséquences d'un fait fondamental, qui est d'avoir été parlée sans discontinuité depuis les origines.

---

1. Cf. *Sixième Discours*, dans Alain Renaut, *op. cit.*, p. 180-181 et *Neuvième Discours*, *op. cit.*, p. 238.

Parallèlement, l'infériorité de l'Étranger ne découle pas d'une essence. Elle provient d'un *événement* dont sa langue garde la trace, et dont elle reproduit les effets de génération en génération.

Cet événement, ce sont les migrations qui ont marqué la fin de l'Empire romain. En effet, qui est l'Étranger ? C'est un Germain qui a quitté sa terre, s'est installé dans l'Empire romain déclinant, a cessé de parler sa propre langue pour utiliser une langue d'emprunt : le néo-latin, c'est-à-dire le français, l'italien, etc. Or, chaque langue a son propre système symbolique. Outre les objets de la perception, elle permet de désigner par analogie les réalités suprasensibles. La vie originaire est liberté créatrice, elle est en elle-même irreprésentable. Mais elle parvient à l'expression dans le système symbolique de la langue, où elle se manifeste par une création continue d'images et de significations. Si la langue est vivante, ce n'est pas simplement parce qu'elle est parlée. C'est parce qu'elle incarne et communique la vie à ceux qui la parlent. Encore faut-il que les racines de cette langue correspondent à des intuitions vivantes. Or, c'est ici qu'intervient l'événement décisif des migrations. Pour les Germains romanisés qui ont abandonné leur langue pour une autre, une coupure s'est produite dans le rapport aux racines de la langue. En adoptant une langue étrangère et des racines latines, ils ont changé de système symbolique. Les symboles qu'ils utilisent correspondent à des intuitions qu'ils n'éprouvent pas. Leurs propres intuitions ne trouvent pas à s'exprimer dans la langue qu'ils ont adoptée [1].

C'est pourquoi l'Étranger est, à tous les égards, l'homme qui vit dans l'extériorité. L'Étranger est l'*Ausländer* : celui qui vit à l'extérieur du pays. Toute la démarche de Fichte consiste

---

1. Cf. *Quatrième* et *Cinquième Discours, op. cit.*

à donner au terme une sorte de surdétermination. Sur le plan historique, l'Étranger est un Germain qui s'est latinisé en quittant la mère patrie. Sur le plan moral, c'est l'homme qui obéit à des causes sensibles, à des influences extérieures, à l'intérêt calculateur. Sur le plan politique, il conçoit l'État comme un mécanisme de rapports de forces. Sur le plan philosophique, sa conception du réel est un rationalisme, voire un matérialisme sans vie. Or, l'élément d'extériorité qui définit l'Étranger est logé dans la langue même qu'il parle. Parce qu'il n'a pas l'intuition du sens vivant dans les mots de sa propre langue, il ne peut qu'apprendre la signification de ces mots. Seules l'histoire et l'étymologie lui permettent de savoir ce qu'il dit.

En un mot, l'Étranger parle une langue morte. Deux conséquences en résultent. En premier lieu, l'Allemand et l'Étranger ont des rapports opposés à la pensée, à l'humanité, à la vie, car ces rapports découlent de leur relation avec leur propre langue. L'Étranger a un rapport d'extériorité à ses propres concepts. Ceux-ci n'expriment pas une pensée vivante, ce sont des concepts figés qui correspondent à des pensées possibles. En découle une propension à l'abstraction, mais aussi au scepticisme frivole, là où l'Allemand prend la pensée au sérieux et s'efforce d'aller à la racine des choses. Parce qu'il parle une langue morte, l'Étranger pense toutes les réalités sur le modèle de la chose inanimée. D'où le cynisme spirituel, le refus de croire au progrès moral, l'idée que l'homme se réduit à ses intérêts. En second lieu, seule une classe de privilégiés peut acquérir ce savoir érudit des significations véhiculées par la langue. Une profonde scission entre les couches supérieures et le peuple en résulte. La marque de l'Étranger, c'est aussi le mépris des couches supérieures pour le peuple, l'extériorité dans le rapport au peuple lui-même.

En vertu de la continuité historico-linguistique, la langue allemande est profondément différente. Elle permet d'accéder à la pensée vraie dont le principe est l'intuition première de la

vie, ce point où l'intuition et le discours ne sont pas encore
séparés. C'est cela qui fait du peuple allemand un peuple originaire, un *Urvolk*. Le peuple allemand est le peuple originaire
parce qu'il n'a pas rompu le lien avec la vie qui est l'origine de
toute pensée et de toute réalité. Par ailleurs, la langue allemande permet de développer une pensée accessible au peuple ;
l'exemple de Luther et la Réforme en témoignent. La langue
peut ainsi unifier la nation autour d'une pensée morale. C'est
pourquoi les Allemands sont vraiment un peuple. Ils sont
même le peuple par excellence, comme l'indique leur nom :
Deutsch, qui désigne le peuple et ce qui est populaire[1]. Ce nom
résume leur singularité exemplaire : leur particularité, c'est
leur vocation à l'universalité. D'où leur mission historique : ils
sont l'avant-garde d'une humanité morale.

À partir de là, Fichte développe un projet d'action. Il faut
tout miser sur l'éducation. Car seule l'éducation peut sauver
l'indépendance allemande. Dans cette vue, Fichte développe
un projet qui s'inspire de Pestalozzi et repose sur deux principes. D'une part, cette éducation doit abolir toute motivation
liée à l'intérêt personnel. Elle doit compter uniquement sur le
désir du bien qui anime tout enfant, désir qui se manifeste
par le besoin d'être estimé. D'autre part, cette éducation
s'appuie sur le développement des facultés d'intuition. Il
s'agit d'amener l'élève à élaborer l'image d'un ordre moral
du monde qui le motive à l'action et lui serve de critère. Cette
éducation morale se prolonge en une éducation religieuse, par
laquelle l'élève forme l'image d'un ordre suprasensible
éternel, mais dont l'histoire de l'humanité peut être conçue
comme la phénoménalisation.

Pour qu'une telle éducation soit possible, il faut des
institutions d'éducation qui maintiennent l'enfant à l'écart du

---

1. Cf. *Septième Discours, op. cit.*, p. 185.

monde adulte. Ces institutions doivent être autonomes, suffisant à leurs besoins par les travaux agricoles et l'artisanat qui complètent la formation des élèves. L'initiative de créer de tels établissements revient normalement à l'État, car l'État est fondamentalement un État éducateur. Réciproquement, la nation doit contrôler l'action de l'État en vue de cette fin morale, elle doit l'empêcher de se borner à l'administration purement technique de l'ordre civil. Concrètement, la nation allemande vit dans une diversité d'États. Cette diversité des États peut être un avantage. Elle pourrait provoquer entre les gouvernements une émulation positive, afin de créer les meilleures institutions d'éducation possibles. Peu importe qu'il y ait un seul ou plusieurs États allemands, puisque l'unité d'esprit existe. Un État unique, mais doté d'une constitution monarchique et dépourvu de valeur morale, serait un désastre pour le patriotisme allemand [1].

Paradoxalement, l'invasion étrangère crée une situation favorable à l'avènement de l'État éducateur. La perte de l'indépendance se traduit par la soumission aux buts politiques, militaires, économiques assignés par le vainqueur. Les États allemands n'ont donc guère le choix, le seul champ d'action autonome qui leur reste ouvert est celui de l'éducation. La défaite militaire de l'Allemagne lui donne ainsi l'occasion de préparer sa victoire morale – préalable indispensable mais non substitut à l'indépendance, car il faudra bien que l'occupant rentre chez lui. Le schéma caractéristique de la *Doctrine de la Science* est ainsi transposé sur le plan historique. C'est la logique de l'impulsion, du choc qui pousse le moi à s'affirmer par la négation de ce qui le nie. Le choc est ici l'invasion, et l'affirmation concerne l'Allemagne comme nation morale. Par un progrès décisif, il s'agit de surmonter la

---

1. Cf. *Neuvième Discours, op. cit.*, p. 238-239.

perte dans l'extériorité sensible, dans l'égoïsme dont l'invasion représente la fin aux deux sens du mot : réalisation finale avec la victoire de l'Étranger, fin d'une époque avec la défaite des Allemands.

En se transformant en nation morale, l'Allemagne peut démontrer sa valeur éminente et se hisser au premier rang des nations. Elle peut ainsi forcer l'Étranger à reconnaître sa spécificité et sa dignité en tant que nation, tandis qu'elle le reconnaît elle-même en sa spécificité. Car l'étranger est à la fois le *même* et l'*autre*. C'est le Germain exilé, le parent séparé, le compatriote éloigné. L'Étranger est une partie du peuple originaire transposée dans l'élément de l'extériorité, une partie extraposée de lui-même par laquelle ce peuple originaire est incité à s'affirmer, à réaffirmer sa vocation à la liberté. De ce fait, une réconciliation est possible, si toutefois l'Étranger se laisse à son tour conquérir par cette conversion morale. En devenant l'éducatrice des peuples, et d'abord de l'envahisseur, l'Allemagne peut inaugurer une nouvelle époque de l'histoire de l'humanité, celle de la reconnaissance réciproque. Grâce à elle, l'Étranger peut sauver les derniers liens qui le rattachent à la vie, alors qu'une victoire complète, débouchant sur l'empire universel, le condamnerait définitivement à la mort spirituelle. En revanche, la reconnaissance réciproque marquerait l'avènement d'un monde qui serait la phénoménalisation du divin. Car le divin se manifeste dans le monde sous la forme d'une diversité de peuples incarnant chacun un principe spirituel distinct[1].

L'homme accède ainsi de deux manières au divin : directement par l'amour, indirectement par la participation au monde sensible qui en est la figuration. La vie spirituelle ne consiste pas à fuir le monde sensible et la réalité historique.

---

1. Cf. *Treizième Discours*, *op. cit.*, p. 333 *sq.*

Sauf dans des époques complètement corrompues, où la liberté ne peut survivre que dans la pure croyance à l'au-delà, la vie terrestre peut être vie dans le monde de l'esprit. Mais il faut pour cela transformer ce monde, soumettre la sensibilité à l'exigence morale pour faire de ce monde une présentation de la vie spirituelle. Sous cette condition, l'existence dans le temps peut être une participation à l'éternité. D'où une forme déterminée de patriotisme. La nation elle-même est un principe spirituel qui se développe dans le temps. Or, l'homme authentiquement vivant est animé par une aspiration à l'éternel. C'est pourquoi il est essentiellement actif. Il agit en vue d'une œuvre durable – à distinguer de la gloire posthume que cherche l'égoïsme. Cette œuvre, il ne peut en concevoir l'idée et la réaliser que dans le cadre de sa patrie. Par conséquent, il doit croire fermement à la pérennité de sa patrie, y contribuer par ses œuvres, conférer par là même à ces œuvres une forme d'éternité. L'amour de la patrie se manifeste par l'action, par la participation au développement de la nation et de la civilisation. Cela vaut pour tous les types de citoyens. Les citoyens ordinaires ont pour vocation de maintenir le niveau de civilisation au degré atteint jusqu'à présent. Les savants ont pour but de faire progresser cette civilisation.

Mais que faut-il faire en attendant que l'éducation nationale voie le jour? Il faut engager une discussion et une réflexion collective sur la situation présente. Tel est le but des *Discours à la nation allemande* : il s'agit d'inviter la nation à prendre conscience de sa situation, à mesurer le risque de sa propre disparition, à décider si elle veut se préserver, et si oui, par quels moyens [1]. Dans cette perspective, l'unité de la nation réside dans le débat sur les questions communes à tous les Allemands. Appartient effectivement à la nation celui qui se

---

1. Cf. *Douzième Discours*, notamment p. 307 *sq.*

sent concerné par cette réflexion collective. En revanche, celui qui ne veut pas prendre part au débat, qui n'a rien à dire sur le sujet, se déclare par là même étranger à la nation [1].

Le patriotisme de Fichte n'a donc rien à voir avec un nationalisme ethnique. C'est un patriotisme moral et métaphysique. Il ne s'agit pas d'affirmer une identité ethnique, mais une vocation à la morale vivante. De ce fait, les critères culturels de l'identité nationale s'effacent au profit des critères moraux. Tel est le sens de notre extrait. Cet extrait établit un lien entre la notion de peuple allemand et l'un des thèmes majeurs de la philosophie de Fichte, celui du choix en faveur de la vie ou de la mort, de la liberté créatrice ou de l'abandon à la nécessité.

Ce choix relève de la liberté au sens inférieur du terme : c'est le libre arbitre, par opposition à la liberté au sens fort : l'autonomie du moi. L'homme choisit librement l'autonomie ou l'hétéronomie. Il choisit de se dévouer à l'universel ou de mener une existence repliée sur l'égoïsme individuel. En ce sens, l'homme choisit librement d'être libre ou non, d'être vivant ou mort. Le savoir qu'il développe à son propre sujet ne fait qu'exprimer ce choix premier. S'il a fait le choix de l'hétéronomie, de la mort, de la nécessité, il sera matérialiste, individualiste et déterministe. S'il a fait le choix de l'autonomie, de la vie, de la liberté créatrice, il adhérera à l'idéalisme philosophique qui comprend le réel à partir de l'autodétermination du sujet.

Dans sa conception de l'humanité, l'homme ne fait qu'exprimer son choix intérieur le plus profond. Mais il n'en a pas nécessairement conscience. C'est pourquoi il peut y avoir décalage entre les deux. Son propre discours peut exprimer de façon confuse et approximative ce qu'il est pour lui-même.

1. *Douzième Discours*, p. 310-311.

Il peut avoir choisi la soumission à la nécessité, tout en restant attaché à une conception du réel qui fait une place à la liberté. De ce décalage naît une inquiétude, un reste de disponibilité pour une amélioration morale. Mais cette croyance n'est que le vague souvenir d'une liberté qui, en lui-même, s'est déjà éteinte. En elle-même, cette croyance à la liberté est vraie. Appliquée à son propre cas, elle n'est déjà plus qu'illusion. D'où la force de séduction d'une philosophie déterministe pour laquelle l'individu est toujours sous la contrainte d'éléments extérieurs. Cette philosophie est en soi fausse, mais elle est vraie dans le cas de cet homme là. Elle le libère de l'illusion de la liberté et lui permet de parvenir à une forme d'accomplissement. Son discours est désormais conforme à ce qu'il est, c'est-à-dire : à ce qu'il a décidé d'être. Sur le plan moral, cet accomplissement lui donne bonne conscience et sérénité. Car le déterminisme justifie la soumission aux influences externes. Dès lors, le cercle de l'expression et de la justification est bouclé. L'individu exprime dans une philosophie de l'hétéronomie son choix existentiel et moral. Cette philosophie lui sert à justifier rétrospectivement ce choix. L'individu est désormais incapable d'amélioration. Sa tranquillité d'esprit signale qu'il est en état de mort morale. C'est en ce sens que la clarté conceptuelle achève l'individu. Elle donne sa forme définitive au choix intime qu'il a fait du mauvais – à sa *Schlechtigkeit*.

Cette thèse morale et métaphysique est ici reprise dans un contexte politique. Parler allemand, c'est pouvoir parvenir à une conscience claire de ce que l'on dit, sans être contraint de formuler sa pensée dans des termes étrangers à ses propres intuitions. C'est pourquoi l'idéalisme allemand est un miroir de l'identité allemande. Non pas un miroir de l'identité ethnique, mais l'expression de l'aptitude des Allemands à parler le langage de la vie et de la liberté. Mais puisque la langue n'est qu'une prédisposition à la moralité, ce n'est pas la langue qui compte, mais le choix moral. D'où une série de renversements. D'une part, les Allemands peuvent se laisser séduire par l'étranger. Ils peuvent abandonner leur langue, leurs coutumes, leur manière d'être pour adopter celles de l'envahisseur. La soumission à l'occupant va de pair avec le choix de l'hétéronomie. La fascination pour l'Étranger est une fascination morbide, c'est l'abandon à la causalité extérieure. Il y a donc une surdétermination politique des choix philosophiques et moraux. L'Allemand qui choisit la soumission sur le plan politique, la nécessité sur le plan métaphysique, l'hétéronomie sur le plan moral n'est pas un Allemand. À l'inverse, se qualifient comme Allemands tous ceux qui optent pour l'autonomie morale, pour la liberté créatrice, pour une philosophie qui ne met pas la matière, mais la vie spirituelle au principe de toutes choses. Face à de tels enjeux, peu importe la langue qu'on parle. Le critère linguistique, de même que les critères ethniques, la naissance, etc. tombe devant la priorité du critère moral.

Ce texte démontre le caractère relatif de l'opposition entre particularisme culturel et universalisme civique dont il a été question dans l'essai – du moins si l'on compare les conceptions de Fichte et de Renan. Nous sommes ici en présence d'un universalisme symétrique à l'universalisme français. Des deux côtés, l'appartenance à la nation relève d'un choix. Il s'agit ici d'une option en faveur de la vie ou de la mort, de la civilisation ou de la barbarie.

Le patriotisme de Fichte n'a donc rien à voir avec un nationalisme ethnique. L'appartenance à la nation ne relève, ni du sentimentalisme national, ni de la simple adhésion à des principes constitutionnels. L'éducation joue certainement un rôle dans l'appartenance nationale, car en consolidant la disposition fondamentale au Bien en chaque individu, elle en fait définitivement un Allemand. Toutefois, ce n'est pas tant l'*éducabilité* qui fait le lien national, comme le suggère Alain Renaut[1], car il n'y aurait là qu'une détermination passive. Or, l'individu est lié à sa nation par l'action, c'est-à-dire par la participation au progrès, à la transformation de cette nation. Pour l'écrivain et le philosophe, la modalité fondamentale de l'action est la participation à l'éducation qui est désormais la tâche politique essentielle. Cette tâche donne lieu à deux activités auxquelles Fichte s'est tour à tour consacré : développer la connaissance scientifique ; instaurer un débat public afin de clarifier les enjeux du temps présent[2].

Pour le reste, l'argumentation et la position de Fichte appellent deux remarques. En premier lieu, on est tenté de faire un parallèle entre la conception de Fichte et celle de Renan. D'un côté, on aurait l'adhésion à la nation morale fondée sur le choix existentiel de la vie ou de la mort spirituelles. De l'autre, on aurait l'adhésion à la nation civique fondée sur un choix politique analogue au contrat social. Des deux côtés, il y aurait universalisme, adhésion volontaire et libre choix. Ce parallèle est en grande partie justifié. On peut le prolonger en montrant que la nation, chez Renan, est moins une communauté politique qu'une entité métaphysique et morale. Mais dans l'analyse de Fichte, il faut bien mesurer la signification du choix. Ce qui décide du caractère allemand, c'est un choix existentiel qui engage toute la personne. Mais ce choix est le fait d'une forme inférieure de liberté. La liberté la plus profonde ne consiste pas à choisir pour ou contre le bien, mais à choisir le bien et à s'y tenir. C'est pourquoi l'éducation commence par la contrainte qui doit limiter le libre arbitre, c'est-à-dire instaurer une discipline, afin de ménager la possibilité d'une libre activité de la pensée et de l'intuition. Par la suite, la découverte du plaisir de bien agir renforcera toujours davantage la détermination de

---

1. Cf. Alain Renaut, *op. cit.*, p. 40-44.
2. Cf. *Douzième Discours*, *op. cit.*, p. 316.

l'élève à l'action morale. En un mot, il s'agit de former un caractère. Le caractère allemand consiste à avoir du caractère au sens moral du terme[1].

En second lieu, une grande partie de la construction de Fichte repose sur un argument à la fois linguistique, historique et spéculatif relatif aux racines de la langue. L'argument est pour le moins fragile, surtout pour supporter le poids d'un tel édifice. Il y a une évidente disproportion entre l'ampleur des thèses et l'argument qui les soutient, entre le rôle majeur de l'Allemagne dans l'histoire de l'humanité et le fait qu'elle ait conservé ses racines linguistiques. Cette disproportion révèle bien une sorte de nationalisme. Mais il ne s'agit pas d'un nationalisme ethnique défini par l'affirmation d'un particularisme culturel. Il s'agit plutôt d'un nationalisme moral fondé sur la prétention à incarner le Bien. Il est clair comme le jour, pour parler comme Fichte, que le messianisme fichtéen de la nation morale est le symétrique du messianisme français de la patrie des droits de l'homme. Ce nationalisme moral introduit une dissymétrie dans l'idée d'une coexistence harmonieuse des nations, puisque l'une d'elles a le privilège de l'universalité. Mais le messianisme est l'un des traits les plus courants des mythologies nationales, qu'il s'agisse d'un messianisme religieux, moral ou politique. On en trouverait sans peine de multiples exemples, notamment dans l'époque contemporaine.

Le principe de l'universalisation des traditions prend le contre-pied de cette prétention à représenter l'universel. Il n'y a pas de tradition élue pour représenter l'universel. Chaque tradition a une valeur universelle dans la mesure où, par un travail sur elle-même, elle surmonte ce qu'elle contient de particularisme violent. Toutes les nations veulent faire

---

1. Cf. *Douzième discours, op. cit.*, p. 306.

reconnaître la valeur universelle de leurs traditions culturelles, historiques, politiques. Mais la légitimité de cette prétention est fondée par le travail de la tradition sur elle-même. Elle dépend du processus d'auto-interprétation qui donne à cette tradition une signification accessible et admissible pour tout interlocuteur véritable, lequel se fait reconnaître comme tel par sa volonté de l'entendre et de la comprendre.

TEXTE 2

E. Renan
Histoire commune et libre choix [1]

Une nation est une âme, un principe spirituel. Deux choses qui, à vrai dire, n'en font qu'une, constituent cette âme, ce principe spirituel. L'une est dans le passé, l'autre dans le présent. L'une est la possession en commun d'un riche legs de souvenirs ; l'autre est le consentement actuel, le désir de vivre ensemble, la volonté de continuer à faire valoir l'héritage qu'on a reçu indivis. L'homme, Messieurs, ne s'improvise pas. La nation, comme l'individu, est l'aboutissant d'un long passé d'efforts, de sacrifices et de dévouements. Le culte des ancêtres est de tous le plus légitime ; les ancêtres nous ont faits ce que nous sommes. Un passé héroïque, des grands hommes, de la gloire (j'entends de la véritable), voilà le capital social sur lequel on assied une idée nationale. Avoir des gloires communes dans la passé, une volonté commune dans le présent ;

1. Ernest Renan, « Qu'est-ce qu'une nation ? », Section III.

avoir fait de grandes choses ensemble, vouloir en faire encore, voilà les conditions essentielles pour être un peuple. On aime en proportion des sacrifices qu'on a consentis, des maux qu'on a soufferts. On aime la maison qu'on a bâtie et qu'on transmet. Le chant spartiate : « Nous sommes ce que vous fûtes ; nous serons ce que vous êtes » est dans sa simplicité l'hymne abrégé de toute patrie.

Dans le passé, un héritage de gloire et de regrets à partager, dans l'avenir un même programme à réaliser ; avoir souffert, joui, espéré ensemble, voilà ce qui vaut mieux que des douanes communes et des frontières conformes aux idées stratégiques ; voilà ce que l'on comprend malgré les diversités de race et de langue. Je disais tout à l'heure : « avoir souffert ensemble » ; oui, la souffrance en commun unit plus que la joie. En fait de souvenirs nationaux, les deuils valent mieux que les triomphes, car ils imposent des devoirs, ils commandent l'effort en commun.

Une nation est donc une grande solidarité, constituée par le sentiment des sacrifices qu'on a faits et de ceux qu'on est disposé à faire encore. Elle suppose un passé ; elle se résume pourtant dans le présent par un fait tangible : le consentement, le désir clairement exprimé de continuer la vie commune. L'existence d'une nation est (pardonnez-moi cette métaphore) un plébiscite de tous les jours, comme l'existence de l'individu est une affirmation perpétuelle de vie. Oh ! je le sais, cela est moins métaphysique que le droit divin, moins brutal que le droit prétendu historique. Dans l'ordre d'idées que je vous soumets, une nation n'a pas plus qu'un roi le droit de dire à une province : « Tu m'appartiens, je te prends ». Une province, pour nous, ce sont ses habitants ; si quelqu'un en cette affaire a droit d'être consulté, c'est l'habitant. Une nation n'a jamais un véritable intérêt à s'annexer ou à retenir un pays malgré lui. Le vœu des nations est, en définitive, le seul critérium légitime, celui auquel il faut toujours en revenir.

Nous avons chassé de la politique les abstractions métaphysiques et théologiques. Que reste-t-il, après cela? Il reste l'homme, ses désirs, ses besoins. La sécession, me direz-vous, et, à la longue, l'émiettement des nations sont la conséquence d'un système qui met ces vieux organismes à la merci de volontés souvent peu éclairées. Il est clair qu'en pareille matière aucun principe ne doit être poussé à l'excès. Les vérités de cet ordre ne sont applicables que dans leur ensemble et d'une façon très générale. Les volontés humaines changent; mais qu'est-ce qui ne change pas ici-bas? Les nations ne sont pas quelque chose d'éternel. Elles ont commencé, elles finiront. La confédération européenne, probablement, les remplacera. Mais telle n'est pas la loi du siècle où nous vivons. À l'heure présente, l'existence des nations est bonne, nécessaire même. Leur existence est la garantie de la liberté, qui serait perdue si le monde n'avait qu'une loi et qu'un maître.

Par leurs facultés diverses, souvent opposées, les nations servent à l'œuvre commune de la civilisation; toutes apportent une note à ce grand concert de l'humanité, qui, en somme, est la plus haute réalité idéale que nous atteignions. Isolées, elles ont leurs parties faibles. Je me dis souvent qu'un individu qui aurait les défauts tenus chez les nations pour des qualités, qui se nourrirait de vaine gloire; qui serait à ce point jaloux, égoïste, querelleur; qui ne pourrait rien supporter sans dégainer, serait le plus insupportable des hommes. Mais toutes ces dissonances de détail disparaissent dans l'ensemble. Pauvre humanité, que tu as souffert! Que d'épreuves t'attendent encore! Puisse l'esprit de sagesse te guider pour te préserver des innombrables dangers dont ta route est semée!

Je me résume, Messieurs. L'homme n'est esclave ni de sa race, ni de sa langue, ni de sa religion, ni du cours des fleuves, ni de la direction des chaînes de montagnes. Une grande agrégation d'hommes, saine d'esprit et chaude de cœur, crée une conscience morale qui s'appelle une nation. Tant que cette conscience morale prouve sa force par les sacrifices qu'exige l'abdication de l'individu au profit d'une communauté, elle est légitime, elle a le droit d'exister. Si des doutes s'élèvent sur ses frontières, consultez les populations disputées. Elles ont bien le droit d'avoir un avis dans la question.

COMMENTAIRE

Ce texte est extrait de la célèbre conférence donnée par Renan le 11 mars 1882 à la Sorbonne, sur le thème « Qu'est-ce qu'une nation ? ». Dès le début de sa conférence, Renan a écarté les critères ethniques et culturels. La nation n'est pas une communauté de race, puisque toutes les nations sont mélangées. La communauté de langue ou de religion joue un rôle, mais elle ne suffit pas à faire une nation. Enfin, ni les intérêts économiques, ni les nécessités stratégiques, ni l'unité géographique ne font une nation. Qu'est-ce donc qu'une nation ? C'est un principe spirituel, une conscience collective fondée sur deux éléments : une histoire commune et l'adhésion volontaire de ses membres. Par opposition à la définition ethnoculturelle, on aurait donc affaire à une conception *élective* de la nation.

Toutefois, la définition de Renan comporte deux éléments : le passé et le présent, l'histoire et le choix. Les deux sont liés par la célèbre formule : « l'existence d'une nation est (pardonnez-moi cette métaphore) un plébiscite de tous les jours, comme l'existence de l'individu est une affirmation perpétuelle de vie ». Renan le dit lui-même, il s'agit d'une métaphore. Il ne s'agit pas du contrat social de Rousseau dont les clauses sont tacitement admises, mais juridiquement précises. D'ailleurs, le contrat social de Rousseau institue un peuple au sens politique, c'est-à-dire un État républicain. Il ne constitue pas la nation, qui est un donné préalable[1]. L'idée d'une nation-contrat résulte ainsi d'une confusion : chez Rousseau, le contrat ne crée pas la nation, il la transforme en un État.

De quoi s'agit-il donc pour Renan ? Il s'agit du désir de poursuivre la vie commune. Ce désir est fondé sur le souvenir des défaites et des souffrances qui ont rapproché les membres de la nation, sur la mémoire des gloires nationales qui nourrissent leur fierté. Dans ce désir s'exprime un choix, une libre adhésion qui crée des devoirs. La conscience collective est aussi une conscience morale qui s'impose aux individus. La nation tire sa force de l'adhésion volontaire de ses membres et des sacrifices qu'elle peut exiger d'eux. Elle prouve son droit à l'existence en démontrant sur ces deux points son aptitude à exister.

La signification historique de cette thèse est connue. Suite à sa victoire sur la France en 1870, l'Allemagne annexe l'Alsace et la Lorraine. Les positions allemande et française correspondent à deux définitions de la nation. Si l'on définit la nation par la culture, l'Alsace est un pays germanique. Si une nation est formée par l'adhésion volontaire de ses membres, l'annexion d'un territoire contre le vœu des populations est un crime. En fait, les choses sont plus compliquées. Pour l'historien allemand avec lequel Renan s'explique pendant la guerre de 1870, David-Friedrich Strauss[2], l'Allemagne doit

---

1. Cf. le *Discours sur les origines de l'inégalité parmi les hommes*, IIe partie, et le *Contrat social*, Livre II, chap. 8.

2. On trouvera la correspondance Renan-Strauss dans l'édition par Joël Roman des principaux textes de Renan sur la nation. Cf. *Qu'est-ce qu'une nation ? et autres essais politiques*, « Agora », Paris, Press-Pocket, 1992. Toutes

prendre des garanties contre la France, pays dont les prétentions hégémoniques ont mis l'Europe à feu et à sang au cours des siècles passés. Il est donc question de politique et de stratégie ; l'Allemagne doit se prémunir contre les ambitions d'un voisin aussi prétentieux qu'agressif. Mais sur le plan théorique, le principe de Renan est clair : pas d'annexion sans consultation des populations.

Renan s'appuie sur des arguments à la fois philosophiques et politiques. Philosophiquement, l'homme est un être moral, un être libre et raisonnable. Sa volonté doit être respectée. Il n'est pas déterminé par la race, la langue, l'ethnographie. La définition de la nation par l'adhésion volontaire de ses membres est conséquente avec cette conception. Dans cette perspective, le droit des nationalités s'oppose à la fois au droit dynastique et au droit historique. D'une part, ce n'est pas la volonté des rois qui fait loi. D'autre part, une nation n'a pas de droit à faire valoir sur les populations de même culture qu'elle. D'un côté comme de l'autre, c'est la même négation de la liberté humaine.

Les nations n'ont pas davantage à revendiquer les territoires qu'elles ont habités dans le passé. Il est vrai que l'Alsace fut une terre allemande. Il est vrai que la monarchie française a annexé cette terre au XVIIᵉ siècle. Mais « le temps a légitimé cette conquête, puisque l'Alsace a pris ensuite une part si brillante aux grandes œuvres communes de la France »[1]. Pour le reste, cette province fut habitée par les Celtes avant de l'être par les Germains. Et, avant les Celtes, il y eut d'autres peuples. On peut ainsi remonter indéfiniment dans le temps pour faire

les citations des textes de Renan autres que l'extrait proposé sont tirées de cette édition. On se reportera également à l'excellente analyse introductive de Joël Roman.

1. « La Guerre entre la France et l'Allemagne », cf. Joël Roman, *op. cit.*, p. 84.

valoir le droit du premier occupant, jusqu'à l'homme des
cavernes et au-delà, jusqu'aux grands singes. Renan réduit
ainsi à l'absurde le droit du premier occupant : « avec cette
philosophie de l'histoire, il n'y aura de légitime dans le monde
que le droit des orangs-outans, injustement dépossédés par la
perfidie des civilisés »[1].

Qu'il s'agisse de la définition ethnolinguistique de la
nation ou du droit fondé sur l'antique occupation du sol,
dans les deux cas on retourne à la nature brute et à la barbarie.
Le droit historique se réduit au droit des orangs-outans ; la définition ethnique de la nation conduit à des « guerres zoolo-
giques »[2] dans lesquelles les nations s'entredétruisent, à
l'image de certaines espèces animales. En revanche, la conception « élective » de la nation respecte en l'homme un être de
raison et subordonne les appartenances nationales à l'œuvre
commune de la civilisation, à l'appartenance à une même
humanité. La nation ainsi définie est subordonnée à la visée de
l'universel. Renan utilise deux métaphores pour expliciter
cette idée. D'une part, la métaphore de l'harmonie universelle : chaque nation joue sa note dans le concert des nations,
toutes sont nécessaires à l'harmonie du tout, qui est la civilisation humaine. D'autre part, Renan utilise également la
métaphore organiciste. Cette métaphore est importante, car
elle fonde la protestation contre « l'amputation » de la France
privée de ses provinces. Elle illustre aussi une mise en garde
contre l'affaiblissement, voire l'effondrement de la France qui
pourraient en résulter, au détriment de l'humanité dans son
ensemble. La métaphore est donc appliquée à l'humanité tout
entière, considérée comme un organisme spirituel, et à chaque
nation en particulier : les nations sont « les organes provi-

---

1. Lettre à Strauss, 15 septembre 1871, *op. cit.*, p. 155.
2. *Ibid.*, p. 157

dentiels de la vie spirituelle de l'humanité »[1]. « La suppression ou l'atrophie d'un membre fait pâtir tout le corps »[2].

Sur le fond, Renan pose un principe fondamental quand il s'agit de trancher les conflits territoriaux. Rien ne doit être décidé contre l'avis des populations, c'est le principe de l'autodétermination. Mais l'application du principe ne va pas toujours de soi. D'une part, le principe de l'adhésion volontaire ne résout pas le problème de la délimitation des frontières. Comment sera défini le groupe appelé à manifester sa volonté ? L'idée d'une histoire commune ne résout pas davantage le problème. Au contraire, elle le suppose résolu. La Belgique, si elle était restée française après la chute de Napoléon Ier, serait incluse dans cette histoire commune. Nice et la Savoie, si elles n'avaient été acquises sous Napoléon III, en seraient exclues. Les deux critères de Renan, l'histoire commune et le choix volontaire, supposent ainsi que les contours de la nation soient déjà définis. D'autre part, le principe d'autodétermination suppose un relatif consensus. Que faire lorsqu'une forte minorité se prononce contre l'avis de la majorité ? La majorité a-t-elle le droit d'imposer à la minorité la réunion à un État ou la sécession d'un autre État ? Dans notre extrait, Renan anticipe une question voisine de celles-ci : l'indétermination du groupe invité à l'autodétermination ne va-t-elle pas entraîner un processus de fragmentation ? Ne va-t-elle pas conduire à « l'émiettement des nations » ? Renan fait droit à l'objection qui oppose le principe organiciste à la volonté individuelle : les « volontés souvent peu éclairées » peuvent provoquer la mort de ces « vieux organismes » que sont les nations. Ainsi, la définition de la nation par l'adhésion volontaire n'exclut pas la conception

1. Lettre à Strauss, 16 septembre 1870, p. 125.
2. *Ibid.*, p. 126.

organique de la communauté. Elle n'élimine pas non plus les causes de conflit. Au contraire, le principe des nationalités peut conduire à des guerres plus dévastatrices que par le passé. Il implique dans la guerre des populations entières, qui deviennent ennemies par le seul fait de leurs appartenances nationales. Il rend donc possible le passage de la guerre limitée, caractéristique de l'Ancien Régime, à la guerre d'extermination : « j'ai toujours craint que le principe des nationalités […] ne fît dégénérer les luttes des peuples en extermination de race »[1]. Au principe des nationalités, il faut donc ajouter un principe qui le corrige, le principe de la fédération européenne. Une sorte de « congrès des États-Unis d'Europe » devrait garantir les frontières et imposer le règlement pacifique des conflits[2].

Mais, abstraction faite des différends territoriaux, quelle est la validité générale de la définition de Renan ? Cette définition de la nation est-elle démocratique ? En fait, la conception de Renan est travaillée par une double tension : la première entre l'universel et le particulier, la seconde entre liberté de choix et conditionnement historique. La première opposition ne concerne pas tant, comme le disent certains interprètes, les particularismes *culturels* et l'universalisme de la *volonté politique*. Car les gloires nationales ont une signification pour l'humanité tout entière, tandis que le choix de vivre ensemble est borné à une communauté particulière. C'est plutôt la nation tout entière, comme histoire et comme volonté, qui est à la fois universelle et particulière. D'une part, la nation représente l'universel auquel l'individu doit se dévouer, voire se sacrifier. La gloire qui s'attache à l'histoire nationale implique un rayonnement universel, les nations contribuent à « l'œuvre commune de la civilisation » humaine.

---

1. « La Guerre entre la France et l'Allemagne », *op. cit.*, p. 105.
2. *Ibid.* Cf. aussi Lettre à Strauss, 16 septembre 1870, *op. cit.*, p. 128.

D'autre part, les nations restent particulières. L'harmonie du tout n'apparaît qu'au point de vue de l'humanité tout entière. Considérées isolément, les nations apparaissent comme glorieuses et comme déficientes à la fois. Ce qui fait la grandeur d'une nation, c'est précisément ce qui rend l'individu détestable : l'égoïsme, la jalousie, l'agressivité. On retrouve ici le dualisme moral caractéristique du sentiment national. D'un côté, il contribue à l'éducation morale de l'individu. Il amène celui-ci à se dépasser, à soumettre ses intérêts particuliers à cet universel relatif qu'est la collectivité. D'un autre côté, la fierté nationale déroge à la morale commune, puisqu'elle célèbre dans la nation des traits reconnus comme odieux dans l'individu. Les nations ne valent que prises ensemble, envisagées du point de vue où leurs défauts s'annulent pour composer l'harmonie universelle. De ce fait, c'est la nation tout entière, considérée sous l'angle « culturel » aussi bien que « politique », qui flotte entre particularisme et universalisme.

Une autre tension oppose la liberté du choix et le conditionnement historique. Il ne s'agit pas de déterminisme historique, mais du conditionnement de la volonté par une forme déterminée de récit historique. En effet, l'adhésion qui fait l'unité de la nation n'est pas seulement une affaire de raison, c'est aussi une affaire de cœur. Les membres de la nation sont unis par une histoire collective d'où ils tirent le désir de poursuivre la vie en commun. Ce désir n'est pas l'adhésion rationnelle à des principes juridiques ou constitutionnels, il exprime une motivation affective en même temps que la liberté du choix. Ce qui fait lien entre les membres de la nation, ce n'est donc pas le *savoir* historique portant sur leur passé commun, ce sont les *sentiments* produits par la référence au passé. Or, le développement de ces sentiments suppose à la fois la mémoire et l'oubli. Les membres d'une même nation se souviennent des exploits du passé, mais aussi des épreuves qui les ont rapprochés. Mais de plus, Renan l'a dit plus haut dans sa conférence, il leur faut également avoir oublié les violences qui les ont opposés dans le passé. De telles violences ont nécessairement eu lieu. Elles font partie du processus d'unification des nations : « l'unité se fait toujours brutalement ; la réunion de la France du Nord et de la France du Midi a été le résultat d'une extermination et d'une terreur continuée pendant près d'un siècle »[1]. Il faut donc conserver l'unité en refoulant le souvenir de l'unification. De ce fait, le lien national repose sur une forme de mythification, il exclut la rigueur de la science historique :

> L'oubli, et je dirais même l'erreur historique, sont un facteur essentiel de la création d'une nation, et c'est ainsi que le progrès des études historiques est souvent pour la nationalité un danger. L'investigation historique, en effet, remet en lumière les faits de violence qui se sont passés à l'origine de toutes les formations politiques[2].

Le recours à une histoire délibérément lacunaire, erronée sur certains points, consolide le « tabou » de la violence entre compatriotes. C'est la version moderne du pieux mensonge de Platon[3]. Par ailleurs, la poursuite de la vie commune a un sens précis : « faire valoir l'héritage ». Les membres de la nation se reconnaissent *façonnés* par un même passé : « les ancêtres nous ont faits ce que nous sommes ... ». En s'offrant à l'imitation, les gloires du passé invitent à perpétuer le passé dans le présent. Une forme de conditionnement s'introduit ainsi dans l'adhésion volontaire. En amont, le choix de vivre ensemble résulte en partie de l'oubli. En aval, il est orienté vers la reproduction des modèles nationaux. Dans les deux cas, il est

---

1. « Qu'est-ce qu'une nation ? », *op. cit.*, p. 41.
2. *Ibid.*
3. Qui consiste à faire croire aux habitants de la cité idéale qu'ils sont tous nés de la même terre, afin qu'en dépit des différences de statut qui les distinguent, ils se considèrent tous comme frères. Cf. *République*, III, 414 c *sq.*

déterminé par une forme mythifiée du récit historique. Quant à l'avenir, le passé s'y prolonge sous la forme d'un « programme à réaliser ». Le consentement des individus est un moment dans un processus de conservation.

Ce qui réapparaît, au cœur de cette définition de la nation, c'est le clivage entre la masse du peuple et les savants, et avec lui les réticences de Renan à l'égard de la démocratie. L'homme est libre de choisir son avenir, mais il ne choisit pas en toute connaissance de cause. Le peuple donne son consentement, mais il n'est pas censé tout savoir. Cette conception de la nation peut aller de pair avec certaines procédures démocratiques, comme le suffrage universel et la représentation parlementaire. Mais comme l'écrit Joël Roman, il y a chez Renan une « hostilité de principe entre la logique démocratique et la logique nationale »[1]. Sa position et la position d'Habermas sont symétriques : d'un côté, une nation encore pré-démocratique à bien des égards ; de l'autre, une démocratie post-nationale. Car Renan célèbre la nation, mais la démocratie lui inspire une profonde réticence. Il l'accepte comme principe de légitimité politique, notamment pour trancher les différends territoriaux. Mais il s'en méfie comme régime traduisant l'existence politique des masses. En 1870, il appelle de ses vœux un :

> régime parlementaire, un vrai gouvernement des parties sérieuses et modérées du pays, non la chimère démocratique du règne de la volonté populaire avec tous ses caprices, mais le règne de la volonté nationale, résultat des bons instincts du peuple savamment interprétés par des pensées réfléchies[2].

Cette position politique s'appuie sur une conception inégalitaire des rapports humains :

---

1. « Qu'est-ce qu'une nation », *op. cit.*, p. 34.
2. « La Guerre entre la France et l'Allemagne », *op. cit.*, p. 101.

> nous repoussons comme une erreur de fait fondamentale l'égalité des individus humains et l'égalité des races ; les parties élevées de l'humanité doivent dominer les parties basses [1].

C'est pourquoi il faut :

> inspirer au peuple la croyance à la vertu, le respect des hommes savants et graves ; le détourner des révolutions […] faire que chacun aime à rester à son rang […] persuader à l'homme du peuple que ce qui le rend intéressant, c'est d'être respectueux pour les grandes choses morales auxquelles il coopère sans pouvoir toujours les comprendre [2].

Certes, Renan se rallie à la République après 1875. Mais il ne renoncera jamais à l'élitisme inégalitaire [3].

En réalité, démocratie et nation s'opposent comme l'individualisme au patriotisme, la quête du bonheur à l'amour de la gloire, la volonté populaire à la volonté nationale. En démocratie, « l'État est constitué par l'universalité des individus », son but est d'assurer le bien-être et la liberté des individus [4]. La nation, en revanche, est une « entité métaphysique » qui exige des sacrifices. D'un côté, il y a la démocratie, le règne des masses, l'égoïsme individuel. De l'autre, il y a le culte de la nation transcendante, le dévouement patriotique, la gloire nationale. Les deux sont incompatibles : « la grandeur des nations est le plus souvent en raison inverse du bonheur des peuples » [5]. Par conséquent, les progrès futurs de la démocratie iront de pair avec l'affaiblissement de l'idée nationale.

---

1. Lettre à Strauss, 15 septembre 1871, *op. cit.*, p. 156.
2. *Questions contemporaines*, *op. cit.*, p. 76.
3. Cf. la préface de l'*Avenir de la science* (1890) : « l'inégalité des races est constatée », *op. cit.*, p. 59-60.
4. Préface de *Mélanges d'histoire et de voyages*, *op. cit.*, p. 164-165.
5. *Ibid.*, p. 168.

> Les progrès de la réflexion chez le peuple, favorisés par
> l'instruction primaire, par l'exercice des droits politiques [...]
> rendront l'individu de moins en moins capable des miracles
> d'abnégation dont les masses inconscientes du passé nous ont
> donné l'exemple. La nation vit des sacrifices que lui font les
> individus; l'égoïsme toujours croissant trouvera insuppor-
> tables les exigences d'une entité métaphysique, qui n'est
> personne en particulier, d'un patriotisme qui implique plus
> d'un préjugé, plus d'une erreur. Ainsi nous assisterons dans
> toute l'Europe à l'affaiblissement de l'esprit national [1].

Au moins les progrès de la démocratie sont ils un gage de
paix. On l'a vu, le principe des nationalités est une source de
conflits. C'est pourquoi il faut l'équilibrer par le principe fédé-
ratif. En revanche, la démocratie est fondamentalement pacifique. En dépit de ses réticences, c'est l'une des raisons pour
lesquelles Renan pourrait lui trouver du mérite :

> Certes, si la démocratie se borne à débarrasser l'espèce
> humaine de ceux qui, pour la satisfaction de leurs vanités et de
> leurs rancunes, font égorger des millions d'hommes, elle aura
> mon plein assentiment et ma reconnaissante sympathie [2].

Il reste que la ruine des mythes nationaux, suivant celle des
croyances religieuses, entraînera une forme de médiocrité
morale : « je ne me figure pas comment on rebâtira, sans les
anciens rêves, les assises d'une vie noble et heureuse » [3]. Car
les « croyances idéalistes » stimulaient les énergies morales.
« À force de chimères, on avait réussi à obtenir du bon gorille
un effort moral surprenant ; ôtées les chimères, une partie de
l'énergie factice qu'elles éveillaient disparaîtra » [4].

---

1. *Ibid.*, p. 167.
2. « La Guerre entre la France et l'Allemagne », *op. cit.*, p. 104-105.
3. Préface de l'*Avenir de la science*, 1890, *op. cit.*, p. 63.
4. *Ibid.*, p. 62.

Que conclure? Les conceptions politiques de Renan sont datées. Sur certains points, elles sont franchement régressives. Mais le parallèle entre ses thèses et celles de Fichte est instructif. Chez Fichte, le concept de la nation n'est pas un concept ethnique au sens strict. Chez Renan, ce n'est pas un concept proprement politique. Au fond, l'un et l'autre donnent une définition morale de la nation. Entre les deux il y a, non pas identité de vues, mais circulation et agencement différent des mêmes schèmes : le schème de l'organisme, le schème du choix individuel, le schème de l'humanité comme communauté des nations. Dans un cas comme dans l'autre, le fondement de cette conception morale de la nation est discutable. D'un côté, la nation prétend incarner la vie face à la mort, le Bien face au Mal. D'un autre côté, l'adhésion à la nation est un engagement moral, mais cet engagement est stimulé par une vision trompeuse du passé.

Des deux côtés, l'adhésion à la nation relève d'un choix. Mais le choix individuel n'est pas aussi fondamental qu'on pourrait le croire. On peut s'en assurer en relisant la célèbre formule de Renan : « l'existence d'une nation est (pardonnez-moi cette métaphore) un plébiscite de tous les jours, comme l'existence de l'individu est une affirmation perpétuelle de vie ». La métaphore opère une singulière conversion, puisqu'elle transforme en choix un mouvement spontané. On le voit sur l'exemple de l'individu, car en dehors des situations critiques où l'on décide de vivre en dépit de tout, la vie n'est pas l'objet d'un choix quotidiennement renouvelé. La vie est le fait premier à partir duquel tout le reste est donné, y compris les choix que l'on doit faire. De la même façon, il y a une sorte de coup de force à transformer l'inertie par laquelle se perpétuent les sociétés avec le résultat d'une décision collective. La nation fait l'objet d'un choix dans des cas précis : immigration économique, exil politique, modifications de frontières, etc. Mais pour la grande majorité de ses membres, l'appartenance à la nation est de l'ordre du donné. C'est le cadre à l'intérieur duquel les individus et les groupes font des choix politiques, économiques, culturels, etc. Le cadre lui-même n'est pas choisi, il est de l'ordre du fait. Dans ce cas, l'appartenance nationale n'est pas l'objet d'un choix, c'est un fait auquel chaque individu donne une signification. Au lieu de l'unanimité que suggère le terme de plébiscite, on trouve la pluralité des interprétations du même fait.

En définitive, il n'y a pas de conception purement élective de la nation. Les nationaux donnent une signification à une appartenance de fait, les immigrants choisissent de s'intégrer à une nouvelle vie. Pour ces derniers, l'histoire commune de la nation est une histoire étrangère qu'ils doivent s'approprier. Si l'on considère la nation dans son ensemble, l'adhésion volontaire n'est pas un principe constitutif. C'est un idéal régulateur dont la réalisation suppose deux choses. D'une part, elle suppose que l'appartenance à la nation ne soit pas l'effet d'une contrainte politique, économique, idéologique, poli-cière, etc. D'autre part, elle suppose que chacun puisse quitter sa nation pour une autre avec la certitude d'y être accueilli, d'y trouver des chances d'intégration économique et un mode de vie en accord avec ses choix éthiques. La conception élective de la nation correspond à ce que seraient les communautés historiques – nations ou communautés post-nationales, peu importe – dans le cadre d'un ordre international où la libre circulation des personnes donnerait à chacun la possibilité réelle du choix, comme c'est le cas pour l'instant d'une infime minorité. Le monde ainsi visé est une sorte de monde post-historique où la résolution effective des conflits interna-tionaux aurait aboli l'effet de clôture des frontières politiques.

En attendant, un dernier point fait problème, c'est la cohé-sion fondée sur l'oubli des violences du passé. Il n'est pas nécessaire d'avoir oublié la croisade contre les Albigeois pour être français. Il vaut mieux ne pas avoir oublié les guerres de religion ou la collaboration de Vichy avec les nazis. Une chose est la prescription des violences du passé, autre chose est l'amnésie collective. Car l'oubli des violences est, en bien des cas, une violence faite aux victimes. À quoi s'ajoute que le « retour du refoulé », en politique, est souvent dévastateur. L'unité d'une communauté démocratique, comme la possibilité d'une action démocratique internationale, supposent au contraire la reconnaissance des faits et des responsabilités passés, non pour les revivre indéfiniment, mais pour élaborer des réconciliations sans arrière-pensées. Il n'y a d'unité véritable que sur la base d'une double justice : justice rendue aux victimes des violences, justice rendue aux faits. Par conséquent, la science historique est indispensable à la démocratie, en lieu et place des mythologies nationales. Celles-ci perpétuent le passé dans le présent ; celle-là permet de s'en détacher pour envisager un avenir différent.

TABLE DES MATIÈRES

TEXTES ET COMMENTAIRES

ACHEVÉ D'IMPRIMER
EN MARS 2004
PAR L'IMPRIMERIE
DE LA MANUTENTION
A MAYENNE
FRANCE
N° 114-04

Dépôt légal : 1er trimestre 2004